W0039973

Roswitha Gruber
Anna

Roswitha Gruber

Anna

Eine Sennerin aus dem Salzburger Land

rosenheimer

© 2011 Rosenheimer Verlagshaus GmbH & Co. KG, Rosenheim
www.rosenheimer.com

Lektorat: Ulrike Nikel, Herrsching am Ammersee
Titelfoto: Klaus G. Förg, Rosenheim
Satz: Bernhard Edlmann Verlagsdienstleistungen, Raubling
Druck und Bindung: Bercker, Kevelaer
Printed in Germany

ISBN 978-3-475-54073-8

Inhalt

Die Vorgeschichte

Nach einem kühlen, regenreichen Sommer zeigten sich die letzten Oktobertage von ihrer besten Seite. Die Sonne strahlte vom blauen Himmel, und es war so warm, dass man sich im T-Shirt im Freien aufhalten konnte. Das verlockte meinen Mann und mich dazu, einen Ausflug auf die Winklmoosalm zu machen. Während wir dort oben gemütlich einen Weg entlangschlenderten, fiel mir eine Frau auf, die uns, mit zwei Nordic-Walking-Stöcken ausgerüstet, mit forschen Schritten entgegenkam.

Ihrer Gestalt und ihrem Gang nach mochte sie um die fünfzig sein, doch als sie näher kam und ich erst ihre Gretlfrisur und später auch ihre Gesichtszüge richtig erkennen konnte, wusste ich, dass ich diese Frau, die übrigens mit Sicherheit zehn Jahre älter war als ursprünglich eingeschätzt, schon öfters in der Kirche gesehen hatte.

Mein Mann, der die Angewohnheit hat, jeden Spaziergänger anzusprechen, trat auf sie zu: »Du marschierst aber noch flott für dein Alter.«

»Ja, was glaubst denn du, wie alt ich bin?«, fragte sie herausfordernd.

»Ja, also die sechzig wirst bereits überschritten haben, wenn du nicht gar schon munter auf deinen Siebzigsten zumarschierst«, antwortete er nicht gerade galant.

Sie aber schien sich geschmeichelt zu fühlen. »Da hast aber jetzt Glück gehabt«, sagte sie mit drohendem Zeigefinger. »Ich hab schon gedacht, du sagst neunzig.« Nun lachten wir alle. »Aber wenn du es genau wissen willst, ich bin heuer einundachtzig geworden.«

Nun staunten wir ehrlich und deutlich für sie erkennbar.

»Ja, mei, wenn man in den Bergen aufgewachsen ist und tagaus, tagein alle Wege zu Fuß zurücklegen muss, dann sollte man in meinem Alter noch flott auf den Beinen sein.«

Weil damit das Thema Alter erschöpfend behandelt war, redeten wir halt über das schöne Spätherbstwetter, die idyllische Landschaft und die herrlichen Herbstfarben ringsum.

»Ja, das hat mich genauso rausgelockt wie euch und mich auf die Idee gebracht, meine alte Heimat mal wieder zu besuchen.«

»Alte Heimat?«, fragte mein Mann interessiert. »Bist etwa auf der Winklmoosalm aufgewachsen?«

»Nicht ganz. Auf der anderen Seite der Grenze, in Österreich, auf einem Bergbauernhof in über tausend Metern Höhe.«

Nun war auch meine Neugier geweckt. Mich interessierte brennend, wie man in solch einsamer Höhe, fernab von allen Errungenschaften der Zivilisation, seine Kindheit, seine Jugend, sein Leben verbrachte.

»Wenn ihr das wirklich wissen wollt, dann erzähl ich's euch halt. Aber nicht im Stehen.«

Wir schauten uns um und entdeckten in nicht allzu großer Entfernung eine Bank, auf der wir dann – die letzten warmen Sonnenstrahlen genießend – gebannt ihrer Erzählung lauschten.

Leider verschwand die Sonne schon bald hinter den Bergen, und es wurde zu kalt, um noch länger zu bleiben, doch ich wollte unbedingt erfahren, wie diese Lebensgeschichte weiterging.

»Darf ich dich besuchen, damit du mir deine Geschichte zu Ende erzählst?«, fragte ich die Posch-Anna – mit diesem Namen hatte die Frau sich inzwischen vorgestellt.

»Sehr gern. Komm nur. Ruf aber vorher an, damit ich nicht grad in den Bergen bin, wenn du vor meiner Tür stehst.«

Sie nannte mir ihre Telefonnummer und ihre Adresse.

Aus dem einen Besuch bei der Anna wurden viele. Denn immer mehr kramte sie aus ihrem Erinnerungsschatz hervor, was mich unheimlich faszinierte. Alles, was sie mir erzählt hat, ist auf den folgenden Seiten in ihren eigenen Worten niedergeschrieben. Ich wünsche Ihnen viel Spaß beim Lesen.

Roswitha Gruber

Überraschung bei der Heuernte

Im zauberhaften Salzburger Land, etwa zwei bis drei Fußstunden von dem Dörfchen Unken entfernt, unweit des Heutals, liegen hoch in den Bergen neun uralte Bauernhöfe – allerdings so verstreut, dass man von einem nicht zum anderen sehen kann, denn sie schmiegen sich in dem extrem steilen Gelände schutz-suchend in die wenigen Mulden. Diese Ansiedlung fernab der Dörfer und Städte trägt von alters her den Namen Gföll.

Dort kam ich im Juni 1929 zur Welt, wobei mein Eintritt ins Leben auf höchst dramatische Weise von-statten ging. Der fünfundzwanzigste war ein Tag, wie ihn die Bauern lieben – ideal, um das Winterfutter für die Tiere trocken einzubringen. Seit dem frühen Morgen schon brannte die Sonne heiß vom blauen, wolkenlosen Himmel, und so wurde auf allen Wiesen seit Stunden unermüdlich gearbeitet. Vom Moarhof waren es zehn Personen, die damit beschäftigt wa-ren, von den hofnahen Wiesen das Heu einzubrin-gen. Und wenn man den zehnjährigen Martschi da-zuzählte, sogar elf. Die Aufgabe des Buben bestand darin, die Rosse zu führen. Das bedeutete, er musste die Pferde ein Stück vorwärts gehen zu lassen, wenn der Gstatter-Martin vom Leiterwagen herunter das Kommando gab. Damit der Bub beim Heuen über-haupt helfen konnte, hatte der Bauer eigens die Befreiung vom Schulunterricht erbeten. Denn es galt, jeden schönen Tag zu nutzen – und jede Hand. Da konnte man nicht auf die Sommerferien warten.

Das Heu, das Maximilian, der Sohn des Bauern, und der Großknecht Sepp Gabel für Gabel hinaufreichten, packte der Martin fest und gleichmäßig auf den Leiterwagen. Diese äußerst wichtige Aufgabe mochte er niemand anderem überlassen. Bei der Fahrt über die buckligen Wege zum Bauernhof oder zu einem der Feldstadel kippte ein schlecht beladener Heuwagen nur allzu leicht um, was eine Gefahr für Mensch und Tier bedeutete. Abgesehen davon konnte man es sich nicht leisten, im Straßenstaub womöglich eine Menge des kostbaren Winterfutters einzubüßen.

Die anderen, der Rossknecht, der Jungknecht Seppi und die Weiberleut, rechten im Schweiße ihres Angesichts das getrocknete Gras zu Zeilen zusammen, damit es die Mannerleut bequem aufladen konnten. Einige Fuhren hatte man an dem Tag schon eingebracht, und wenn alle so fleißig weiterarbeiteten, würde man noch weitere Fuder schaffen. Die Wagen, die man hier oben auf den steilen Wiesen benutzte, waren nämlich kleiner als diejenigen, auf die man im Tal das Heu packte.

Plötzlich, mitten unter der Arbeit, stieß die Kathi einen Schrei aus, fasste sich an den Leib und ließ sich auf einen Heuhaufen sinken. Besorgt stürzte Anna, die Frau des Bauern, hinzu: »Was ist denn mit dir, Kathi? Wo fehlt's?«

Die Kathi keuchte nur, hielt sich den Bauch und wand sich vor Schmerzen. Die Anna beugte sich zur

11

Kathi nieder und tastete sie ab. Überrascht rief sie aus: »Ja, Kathi, was machst denn für Sachen? Du kriegst ja ein Kind!«

»Wie sollt ich an ein Kind kommen?«, jammerte das Mädchen und machte dabei ein Gesicht, das wirklich den Eindruck vermittelte, als habe sie keine Ahnung, was da mit ihr geschah.

»Das hätt ich dich fragen wollen«, gab die Moarbäuerin zurück. »Aber darüber reden wir später. Erst musst nach Hause und die Hebamme soll kommen.«

»Die Schmerzen haben aufgehört«, verkündete die Kathi erleichtert und bemühte sich, wieder auf die Beine zu kommen. Die Anna stützte sie und rückte die Sache ins rechte Licht. »Die werden wiederkommen. Darauf kannst dich verlassen. Jetzt müssen wir uns schicken, damit wir vor der nächsten Wehe daheim sind. Martschi, komm mit!«

»Aber die Ross?« Verunsichert schaute der Bub abwechselnd die Bäuerin und seine braunen Pferde an.

»Um die kümmert sich der Seppi.«

Diese Aussage fasste der Jungknecht als Befehl auf und nahm sofort vorne bei den Rössern Aufstellung. Das war eine Tätigkeit, die ihm wesentlich besser gefiel als das Zusammenrechnen.

»Ja, seid ihr narrisch geworden, dass ihr auf einmal alle davonlauft?«, rief der Martin vom Wagen herab, als er sah, wie sich seine Frau mit der Kathi und dem Rossbuben auf den Weg machte.

»Die Kathi kriegt ein Kind«, rief die Anna und blieb stehen, während sich der Martschi mit der werdenden Mutter weiter in Richtung Hof bewegte. Die

Gstatterin hatte laut genug gerufen, sodass nun selbst diejenigen Bescheid wussten, die bisher zu weit weg gewesen waren, um von dem Zwischenfall etwas mitzubekommen.

»Ja, Kruzitürken«, fluchte der Bauer vom Wagen herunter. »Muss das ausgerechnet jetzt sein, wo wir grad erst mit dem Heumachen angefangen haben? Hätt das Lausdirndl damit net warten können, bis wir fertig sind?«

»Das hätt auch nix gebracht«, versuchte die Bäuerin ihren Ehemann zu beschwichtigen. »Dann würd sie uns bei der Heuernte auf der Futteralm fehlen.«

»Da hast auch recht, Alte. Da droben brauchen wir noch dringender jede Hand. Ich hoff nur«, er schaute seine Weiberleut, die inzwischen gaffend näher gekommen waren, forschend an, »dass mir dann nicht die Nächste von euch so daherkommt.«

»Gewiss net«, versicherten diese und kehrten an ihre Arbeit zurück.

»Ich mein halt nur«, wandte sich der Bauer nun in versöhnlicherem Ton wieder an seine Frau, »mit dem Kinderkriegen hätt sich die Kathi noch ein paar Jahre Zeit lassen können.«

»Ja, mei«, war die vielsagende Antwort der Anna, bevor sie sich umdrehte und ebenfalls in Richtung Hof davonging.

»Und was ist mit meinem Heu?«, vernahm sie im Gehen noch die besorgte Stimme des Bauern.

»Es sind doch Leut genug«, rief die Bäuerin über die Schulter zurück. »Außerdem komm ich wieder, wenn alles geregelt ist. Dann bring ich gleich das Essen mit.«

Am Hof angekommen, schickte die Anna den Martschi gleich ins Dorf: »Läufst hinunter zur Hebamme. Sie möcht bitt schön sofort raufkommen. Bei uns tät's pressieren.«

»Und wenns' net daheim ist?«, gab er zu bedenken.

»Irgendwer wird dir schon Auskunft geben können, wo du sie findest.«

Der Bub lief los, und die Anna begleitete die Schwangere in ihre Kammer. Kaum lag die Kathi in ihrem Bett, kam schon die nächste Wehe. Die Bäuerin nahm sich jedoch nicht die Zeit, bei dem jammernden Mädchen auszuharren. Sie ging geradewegs nach unten in die Küche, wo sie auf Eva, ihre Stiefmutter, traf. Die war gerade damit beschäftigt, einem blondlockigen kleinen Mädchen sein Mittagessen zu geben. Als es die Anna erblickte, rutschte es von der Bank und lief mit ausgestreckten Armen auf sie zu. »Großmutter, Großmutter«, rief es dabei. Die Gstatterin hob das Kind hoch, drückte es an sich, küsste es auf beide Wangen und setzte es auf die Bank zurück. »Jetzt musst brav dein Muaserl essen, Burgi«, mahnte sie. Folgsam sperrte die Kleine den Mund auf, und die Eva schob den nächsten Löffel Brei hinein. Da sie bereits neunundsechzig war, wollte man ihr die schwere Feldarbeit nicht mehr zumuten, aber um das Hauswesen zu versorgen und Annas erstes Enkelkind zu betreuen, dafür war sie noch rüstig genug.

»Ja, Anna, du bist heut aber früh dran. Das Essen ist noch gar nicht fertig. Ich wollt vorher die Kleine ins Bett schaffen.«

»Wegen dem Essen bin ich auch net gekommen. Ich wollt dir nur sagen, halt nach dem Kochen das

14

Feuer weiter in Gang. Wir werden bald eine Menge heißes Wasser brauchen.«

»Wieso das?«, fragte die Stiefmutter mit hochgezogenen Brauen. »Kriegen wir etwa ein Kind?« Sie glaubte, einen Scherz zu machen, und lachte entsprechend gelöst.

»Erraten«, antwortete die Anna mit ernstem Gesicht. »Ich hab den Martschi schon um die Hebamme geschickt.«

»Das gibt's doch net! Jetzt muss ich mich erst mal setzen.« Sie ließ sich neben der Burgi nieder und schlug die Hände zusammen. »Ja mei, geht das schon wieder los? Bei wem denn? Ich hab gar nicht gespannt, dass eins in der Hoffnung wär.«

»Mir ging's ja gradso. Was meinst, was das ein Schreck für mich war, als die Kathi mitten im Heumachen zusammenklappte mit Wehen.«

»Die Kathi?«

»Genau die. Deine brave Enkelin.«

Ungläubig starrte die alte Eva die Bäuerin an. »Mein Gott! Das Dirndl ist doch grad erst achtzehn.«

»Zum Kinderkriegen alt genug«, stellte die Anna kurz und bündig fest.

»Ja, meiomei«, lamentierte ihre Stiefmutter, »und ich hab gedacht, das Dirndl hätt noch net mitgekriegt, dass es zweierlei Menschen gibt.«

»Da sie jetzt in Wehen liegt, scheint sie das längst gespannt zu haben.«

Anna schaffte ihre Enkelin Burgi selbst ins Bett, während die Eva sich weiter ums Mittagessen kümmerte. Bevor sich die Bäuerin mit dem schweren Essenskorb auf den Weg machte, schaute sie noch mal kurz nach der Gebärenden und sprach ihr Mut zu. Ihrer Stiefmutter legte sie ans Herz: »Schaust halt ab und zu nach der Kathi, damit sie sich nicht so verlassen vorkommt.«

»Ist doch klar, Anna. Wie werd ich denn mein Enkelkind in seiner schweren Stunde im Stich lassen.«

»Es wird bei ihr noch eine Weile dauern, und ich denk, bis die Hebamme eintrifft, bin ich wieder zurück. Ich werd ihr dann assistieren, damit du nicht dauernd die Stiegen rauf und runter musst.«

»Ist schon recht, Anna. Bis dahin dürfte auch die Burgi ihren Mittagsschlaf beendet haben, dann hab ich eh alle Hände voll zu tun.«

Gute vier Stunden nachdem die Anna den Rossbuben ins Tal geschickt hatte, war sie tatsächlich wieder zurück auf dem Hof. Bald darauf tauchte keuchend die alte Hebamme Frieda auf, dicht gefolgt vom Martschi, der ebenfalls nach dem langen Aufstieg außer Atem war, denn er hatte den schweren Hebammenkoffer den ganzen Berg hinaufschleppen müssen. Der Frieda nämlich war das angesichts ihres Alters und ihrer Leibesfülle nicht mehr zuzumuten.

»Wo brennt's denn?«, wollte die Frieda wissen, als sie die Küche betrat. Dabei taxierte sie die beiden Frauen mit ihren Blicken. »Ihr zwei dürftet doch längst aus dem Alter raus sein.«

Sie lachte über ihren gelungenen Scherz so herzhaft, dass alles an ihr wackelte. Die beiden Frauen mussten ebenfalls lachen. »Und ob«, antwortete die Anna schließlich, »Gott sei Dank!« Ernst werdend

16

fügte sie hinzu: »Die Kathi ist's, die oben in ihrer Kammer in Wehen liegt.«

»Ja, mei, die Kathi!« Ungläubig schüttelte die Alte ihr graues Haupt. »Ja, mei, mir ist, als ob's grad gestern gewesen wär, dass ich das Dirndl auf die Welt geholt hätt. Eine schwere Geburt war das bei der Gertraud.«

»Ja«, bestätigte die Gstatterin. »Wir wollen hoffen, dass sich ihre Tochter leichter tut.«

Vorerst allerdings fanden sie die junge werdende Mutter in Schweiß gebadet und laut stöhnend in ihrem Bett vor. Die Frieda untersuchte sie und gab beruhigende Auskünfte: »Das Kind scheint normal zu liegen. Aber es wird noch ein Weilchen dauern, bis es sich blicken lässt.«

Obwohl die Wehen in immer dichteren Abständen kamen, machte das Kind kein Geschick, auf die Welt zu kommen. Die Geburtshelferin und die Bäuerin, die ihr assistierte, konnten nichts anderes tun, als zu warten, der Kathi den Schweiß von der Stirn zu wischen und beruhigend auf sie einzureden. Stunde um Stunde verrann. Endlich, nach unsagbarer Qual – der Abend war längst hereingebrochen, die Eva hatte in der Küche die hungrigen Heuleute bewirtet – gebar die Achtzehnjährige mit einem markerschütternden Schrei ein schmächtiges Mädchen, das keinen Ton von sich gab. Erst als die Hebamme mit einigen Klapsen auf das bläulich-rote Hinterteil nachhalf, ließ es ein schwaches Wimmern vernehmen. Dieses kleine, schwächliche Etwas war ich.

Die alte Frieda hüllte mich in eine Windel mit dem Kommentar: »Die ist eindeutig ein paar Wochen zu früh gekommen. Um die brauchen wir uns net zu kümmern. Die bringen wir eh nicht durch.«

Achtlos legte sie mich beiseite und widmete ihre ganze Aufmerksamkeit meiner Mutter, die durch ihren langen Kampf mit den Wehen völlig erschöpft war und zudem so viel Blut verloren hatte, dass die Hebamme fürchtete, die Wöchnerin würde sterben. Deshalb tat sie alles, was damals im Bereich des für sie Möglichen lag, um das Leben der jungen Frau zu retten, und blieb sogar weit über die übliche Beobachtungszeit hinaus bei ihr. Als die Wöchnerin endlich über den Berg zu sein schien, war Mitternacht längst vorüber. »Wisst's was, jetzt lohnt es auch nimmer, dass ich nach Unken zurückgeh«, erklärte sie. »Ich hab keine Lust, mir auf dem gefährlichen Weg im Dunkeln das Genick zu brechen. Ich leg mich grad in das andere Bett, dann kann ich gleich in der Früh noch mal nach der Kathi schauen.«

Das war kein Problem, denn Traudl, die vierzehnjährige Halbschwester und Zimmergenossin der Kathi, hatte man fürs Erste bereits in die Kammer der Sennerin, die sich auf der Alm befand, ausquartiert. Bevor sich die Frieda jedoch zur Ruhe legte, schaute sie erneut nach dem Neugeborenen. Zu ihrer Überraschung lebte ich noch immer und sah zwischenzeitlich ganz rosig aus, was die Hebamme veranlasste, mich endlich zu waschen und mir die Sachen anzuziehen, die zuletzt die kleine Burgi getragen und die die Anna bereits herausgelegt hatte.

Am frühen Morgen wurde die Frieda, noch bevor sie ausgeschlafen hatte, durch lautes Geschrei geweckt. Erschrocken fuhr sie hoch. »Ei, wie gibt es denn so was?«, stellte sie schlaftrunken fest. »Das Dirndl ist doch zäher, als ich dachte.«

Sie wechselte meine Windel und versuchte, mich bei meiner Mutter anzulegen. Vergeblich jedoch, denn da kam kein Tropfen Milch, und so beruhigte sie mich mit Fencheltee. Nachdem sie auch nach der Kathi geschaut hatte, deren Zustand ebenfalls zufriedenstellend war, kam sie endlich dazu, die erforderlichen Eintragungen in ihr Tagebuch zu machen. Inzwischen war die Moarbäuerin ebenfalls auf der Bildfläche erschienen und beantwortete gewissenhaft alle Fragen, da die Wöchnerin noch zu erschöpft schien. Nur als die Frage nach dem Namen des Kindes auftauchte, wandte sie sich an die junge Mutter: »Was meinst Kathi, sollen wir das Kind nach dir benennen?«

»Nein«, antwortete diese emotionslos, »da gibt's nur Verwechslungen.«

»Und wie wär's mit Gertraud, nach deiner Mutter?«

»Nein, der Name gefällt mir net.«

»Ja, was tät dir denn gefallen? Sag doch mal was«, bat die Anna.

»Mir fällt nix ein, such du halt was aus.«

»Ja, schaut's, dass ihr weiterkommt«, drängte die Frieda, »sonst hock ich morgen Früh noch hier.«

»Hast recht, Frieda. Weißt du vielleicht einen Namen für das Dirndl? Du kommst doch viel herum und schnappst sicher den einen oder anderen auf.«

»Ja, mei, was soll ich sagen? Da hör ich auch net viel Neues. Überall hat's eine Resi, eine Traudl, eine Burgi oder eine Maria. Immer das Gleiche. Die

Dirndln werden halt nach der Mutter oder Großmutter benannt und die Buben nach dem Vater oder
Großvater.«

»Das ist gewiss ein schöner Brauch, aber hilft uns
jetzt nicht weiter«, seufzte die Moarbäuerin. Dann
hörte man eine Weile nur die Fliegen durch die Kammer summen, weil sowohl die Hebamme als auch die
Anna in tiefes Brüten versunken schienen. Auf einmal fiel der Frieda etwas ein: »Sollen wir das Dirndl
nicht einfach nach dir benennen?«

Diese Worte ließen die junge Wöchnerin aus ihrer
Gleichgültigkeit erwachen. »Ja, Anna gefällt mir.
Schreibst halt Anna hin.«

Die nächste Frage, die von der Hebamme in den
Raum gestellt wurde, erwies sich als noch heikler.
»Was schreib ich bei ›Kindsvater‹?«

»Ja, das tät mich auch interessieren«, äußerte Anna
und schaute die Kathi mit forschenden Augen an.
Statt die gewünschte Antwort zu geben, zuckte die
nur mit den Schultern. »Woher soll ich das wissen?«

»Wie bitte?«, fragte die Gstatterin leicht unge-
halten, »hast dich etwa mit mehreren Burschen
eingelassen?«

»Nein«, antwortete die Gefragte mit Nachdruck.
»Wenn du aber mit Einlassen das meinst, was der
Bichler-Lorenz mit mir gemacht hat, dann wird er
wohl der Kindsvater sein.«

Also schrieb die Frieda diesen Namen in die dafür
vorgesehene Zeile ihres Tagebuchs. Für die Anna
aber war die Sache noch nicht erledigt. »Ausgerechnet so ein armer Teifi! Als Knecht auf dem Hof seines Bruders wird er dich nie heiraten können.«

»Vom Heiraten hat er auch net geredet«, antwortete die Kindsmutter einfältig.

»Ja, mei, wie hat er dich denn sonst rumgekriegt?«, forschte die Bäuerin weiter.

»Er hat mir recht schöngetan und dann gesagt, er wollt mal ausprobieren, ob er ein richtiger Mann ist.«

Trotz der ernsten Situation mussten die beiden Frauen lachen. »Ja, den Beweis hat er uns geliefert«, sagte die Anna. »Der liegt nun bei uns in der Wiege. Das kannst ihm ausrichten, wenn du ihn das nächste Mal triffst.«

»Gar nix werd ich dem ausrichten«, erwiderte die Kathi trotzig. »Den will ich nimmer wiedersehen nach dem, was er mir angetan hat.«

»Das ist wenigstens ein vernünftiges Wort, denn dass der Alimente zahlt, darauf brauchst net rechnen. Bei dem ist absolut nix zu holen. Aber keine Angst, dein Dirndl wird bei uns auch noch satt.«

Als ob ich es verstanden hätte, meldete ich mich lautstark aufs Stichwort, und man versuchte erneut, meinen Hunger mit Fencheltee zu stillen. Überhaupt musste ich mich noch eine ganze Weile gedulden, bis bei meiner Mutter endlich die Milch floss. Dafür aber dann reichlich und lang andauernd.

Obwohl die Kathi noch fast zwei Jahre auf dem Moarhof blieb, war nicht sie es, die mich aufzog. Anna, die Bäuerin und meine zweite Geburtshelferin, wurde meine Pflegemutter. Vom ersten Augenblick an hatte sie einen Narren an mir gefressen. Ein Glück für mich, denn meine leibliche Mutter lehnte mich zwar nicht ab, doch es baute sich zwischen uns auch kein normales Mutter-Kind-Verhältnis auf. Was gewiss nicht nur daran lag, dass sie tagsüber meist außer Haus war, sondern eher an ihrem jugendlichen Alter. Ich denke, sie war einfach noch nicht reif für die Mutterrolle.

Dreh- und Angelpunkt meines Lebens war und blieb also vom ersten Tag an die Moarbäuerin, obwohl sie nicht meine leibliche Großmutter war. Aber das spielte für mich keine Rolle, denn ich nannte sie, sobald ich sprechen konnte, Mutter. Pflegeväter hatte ich sogar zwei: den Bauern, den Gstatter-Martin, und seinen Sohn Maximilian, der meist nur Max genannt wurde. Zur besseren Unterscheidung nannte ich den Älteren »Voda«, so wie man das Wort Vater bei uns im Dialekt ausspricht, und für den Max verwendete ich das hochdeutsche »Vater«.

Alle drei waren ausgesprochen nett zu mir, aber nichts ging über die Anna, und so kam es, dass ich an ihr mit besonderer Liebe hing. Wie man mir erzählte, denn ich selbst habe keine Erinnerung mehr daran, da die Bäuerin bereits 1933 starb, einige Monate bevor ich vier wurde, im Alter von nicht ganz siebenundfünfzig Jahren.

Für ihren Mann, den Martin, war das ein harter Schlag. Mit ihr verlor er nicht nur die Frau, die er liebte – vermutlich gehörte seine Ehe zu den wenigen in der damaligen Zeit, die aus Liebe geschlossen worden waren –, sondern auch seine tüchtige Hilfe auf dem Hof, ohne die ein Bauer nicht existieren kann.

Da er partout nicht wieder heiraten wollte, blieb ihm nichts anderes übrig, als alle Aufgaben allein zu bewältigen. Wie schon in den beiden Jahren, die seine Frau krank gewesen war, kochte und putzte er, wusch die Wäsche, molk und fütterte die Kühe, mistete den Stall aus, und das alles neben seiner Arbeit, die er ohnehin zu erledigen hatte. Aber keine Magd, keine Verwandte machte ihm das gut genug. Und wirklich: Unter hundert Frauen fänden sich höchstens fünf, bei denen es so sauber wäre wie bei meinem Voda, denn bei dem hätte man in jedem Raum vom Holzboden essen können. Dabei handelte es sich um keinen kleinen Haushalt. Außer der Burgi und mir, die wir beim Tod der Bäuerin sechs und vier Jahre zählten, saßen täglich, einschließlich der Dienstboten, zehn Erwachsene am Esstisch. Weiß Gott keine leichte Aufgabe für den Achtundfünfzigjährigen.

Als die Bäuerin starb, lebte meine Mutter schon nicht mehr auf dem Hof. Sie war noch eine Weile geblieben, um für die alte Sennerin Gretl einzuspringen, die zu ihrer Tochter nach Lofer gezogen war. 1931 ging die Kathi dann als Sennerin nach Unken und trat dort in den Dienst eines Großbauern.

Verzwickte Familienverhältnisse

Von den Umständen meiner Geburt und von der Zeit danach erfuhr ich weder durch meine leibliche Mutter noch durch meine Pflegeväter. Meine Großtante Resi, die auf dem Feld dabei war, als bei meiner Mutter die Wehen einsetzten, war es, die mir, als ich vierzehn wurde, alles erzählte.

Aber schon einige Jahre zuvor hatte ich von anderer Seite einiges über meine verzwickten Familienverhältnisse erfahren. Die alte Eva, von allen im Haus liebevoll Großmutter Eva genannt, war es, die mir meine ersten brennenden Fragen beantwortete.

Und das kam so: Als ich sechs Jahre alt war, ging Max, der jüngere meiner Ziehväter, mit mir zur Schule, um mich anzumelden. Schon bei der Geburt ein Leichtgewicht, scheine ich diesen Rückstand bis zu diesem Zeitpunkt noch nicht aufgeholt zu haben, denn der Schulleiter rief entsetzt aus: »Ja, Max, so ein kleines Dirndl möchtest in die Schule schicken? Das hat ja noch nicht mal die Kraft, seinen Rucksack« – so nannte man bei uns den Schulranzen – »zu tragen. Und dann der weite Weg von euch herunter! Und denk mal an den Winter! Das Dirndl würde ja glatt im Schnee stecken bleiben. Lass sie lieber noch ein Jahr zu Hause.«

»Ja, wenn Sie meinen, Herr Direktor, mir soll's recht sein. Ich hab halt gemeint, weil wir ein

Schreiben gekriegt haben … Da hätt ich mir den Weg ja grad ersparen können.«

»Nein, Max. Es ist schon recht, dass du uns die Anna vorgestellt hast. Das ist Vorschrift. Einige Wochen bevor die Kinder eingeschult werden, müssen wir sie uns anschauen, damit wir uns ein Bild machen können, ob eines schulreif ist oder nicht. Und schau, die Anna ist ein solcher Fall.«

Ein Jahr später aber wurde es dann ernst für mich. Da musste ich mit den anderen Kindern von Gföll, darunter meine Ziehschwester Burgi, den weiten Weg zurücklegen, egal ob es stürmte oder schneite oder ob die Sonne unbarmherzig vom Himmel brannte. Aber von dem oft abenteuerlichen Weg will ich nicht erzählen, sondern von dem ersten Schultag.

Die Lehrerin erklärte uns, sie wolle kontrollieren, ob alle angemeldeten Kinder auch erschienen seien, und begann die Namen vorzulesen, damit jeder sich melden konnte. Wie ein Luchs spitzte ich meine Ohren, um nur ja nicht meinen Namen zu verpassen, was mich allerdings nicht daran hinderte, neugierig in der Klasse umherzuschauen. Schließlich wollte ich sehen, wer sich bei welchem Namen meldete. Dabei fiel mir auf, dass es gleich drei Resis gab und zwei Elisabeths, und auch bei den Buben kamen einige Namen doppelt vor. Bei dem Namen Posch Anna dachte ich überrascht, dass da noch ein Mädchen mit dem Namen Anna sei. Und als sich in den Reihen vor mir kein Finger hob, drehte ich meinen Kopf neugierig nach hinten. Doch auch dort ging kein Finger in die Höhe, und so wiederholte die Lehrerin den Namen. »Eigenartig«, murmelte sie dann immerhin so laut vor sich hin, dass ich es verstehen konnte. »Das Kind scheint nicht gekommen zu sein, obwohl es angemeldet ist.«

Nachdem die Lehrerin alle Namen verlesen hatte, schüttelte sie den Kopf und zählte durch, schüttelte dann noch einmal den Kopf und fuhr mit dem Finger über ihre Liste. »Das verstehe ich nicht«, sagte sie zu sich selbst, während sie auf die Namen starrte. »Fünfundzwanzig Kinder stehen auf meiner Liste, und fünfundzwanzig sind da, obwohl die Posch-Anna nicht gekommen ist.« Dann ließ sie ihren Blick erneut über die Klasse wandern und fragte: »Ist vielleicht ein Kind da, dessen Namen ich nicht vorgelesen habe?«

»Ja, ich«, piepste ich und streckte zaghaft meinen Finger in die Höhe.

»Aha, und wie heißt du?«

»Moar-Anna.«

»Moar-Anna?«, wiederholte die Lehrerin fragend. »Bist du da ganz sicher?«

»Ja, ich glaub schon. Die Leute sagen immer: »Ah, du bist die Moar-Anna.«

Erleichtert lachte die Lehrerin auf: »Aha, jetzt ist mir alles klar. Moar ist euer Hofname. Aber du selbst schreibst dich Posch.«

Sie hakte den letzten Namen auf ihrer Liste ab. Mir jedoch war gar nichts klar. Wieso nannte sie mich Posch, wenn ich doch vom Moarhof kam? Allenfalls hätte ich es noch verstanden, wenn sie mich Gstatter nennen würde, denn diesen Namen hatte ich schon mehrmals bei uns gehört – beispielsweise wenn jemand mit meinen beiden Pflegevätern redete, obwohl die meist Martin und Max genannt wurden, selten einmal Gstatter. Der Name Posch jedenfalls war mir noch nie auf unserem Hof begegnet. Doch schüchtern, wie ich war, wagte ich es nicht, der Lehrerin zu widersprechen.

Einige Tage beschäftigte mich die Geschichte noch, dann vergaß ich sie, zumal ich auch in der Schule nicht mehr dran erinnert wurde. Alle nannten mich nur Anna ohne Familiennamen. Erst als viele Monate später erneut der Name Posch fiel, kam mir die vertrackte Sache wieder in den Sinn und ließ mir keine Ruhe mehr. Ich musste herausbringen, was es damit auf sich hatte. Aber wen sollte ich fragen? Die Pflegeväter hatten Wichtigeres zu tun, als einem kleinen, neugierigen Kind Auskunft zu geben. Was die Burgi betraf, so wusste die nicht mehr als ich. Sie zuckte nur die Schultern und sagte: »Das ist halt so. Mich nennen sie in der Schule Dankl, und ich weiß auch net, warum.« Vielleicht die Dienstboten? Aber die junge Dirn wusste von nichts und die ältere verwies mich an meine Mutter.

Meine Mutter! Ich fand es immer komisch, wenn einer sie so bezeichnete, denn sie wurde mir zunehmend fremder, und ich habe sie auch nie Mutter genannt. Dass sie nicht bei uns lebte, berührte mich nicht, weil ja niemals eine herzliche Bindung zwischen uns bestand. Wenn ich mal mit ihr zu tun hatte, sagte ich Kathi zu ihr wie die anderen Hausbewohner auch. Mutter, das war für mich schließlich kein anderer als die Anna, selbst als sie nicht mehr lebte.

Und jetzt sollte ich die Kathi fragen, welche Bewandtnis es mit mir und meinem Namen auf sich hatte? Unmöglich, dachte ich, denn wenn ich sie gelegentlich auch zu sehen bekam, so machte sie immer ein eher abweisendes Gesicht. Kein Gedanke also, ihr mit einem solch heiklen Thema zu kommen. Allein bei der Vorstellung fröstelte es mich.

Die einzige Person, zu der ich wirklich Vertrauen hatte, war Großmutter Eva. Die war zwar vor zwei Jahren nach Unken zu ihrer Tochter Resi gezogen, hatte aber dem Bauern versprochen, dass sie jeweils im Sommer auf den Hof kommen würde, solange es ihre Kräfte zuließen. Wenn unsere Leute für zwei bis drei Wochen auf der Futteralm waren, übernahm sie bei uns das Kochen wie in alten Tagen. Wenn nichts passierte, würde sie auch in diesem Jahr zu Beginn der Sommerferien wieder zu uns kommen. Ich musste nur ein wenig Geduld aufbringen.

Ich hatte Glück. Sie kam tatsächlich Ende Juli und zog für einige Wochen bei uns ein. Am nächsten Tag schon machten sich alle verfügbaren Leute auf zur Futteralm: der Bauer und sein Sohn, der Großknecht und der Knecht, die Dirn, der Rossknecht und der Martschi. Weil die Sofie und die Traudl, Schwestern meiner Mutter, mittlerweile anderswo in Stellung waren, hatte der Bauer zusätzlich zwei weibliche Tagelöhner angeworben.

Auf dem tausend Meter hoch gelegenen Moarhof wurde das Heu bereits Ende Juni/Anfang Juli gemacht und in Feldstadln sowie in der Scheune am Wohnhaus für den Winter eingelagert. Der Begriff Winter ist hier wörtlich zu nehmen, denn auf dem Hof standen die Tiere nur in der Zeit vom 21. Dezember bis etwa zum 21. März. Den großen Rest des

Jahres verbrachten sie auf den verschiedenen Almen –
den Frühling und den Herbst über grundsätzlich auf
der Futteralm. Deshalb befanden sich dort außer dem
Stall wesentlich größere Stadel als auf dem Bauernhof,
weil Heu für etwa fünf bis sechs Monate eingelagert
werden musste. Und aus diesem Grund war auch die
Wohnhütte, die sich etwas abseits vom Wirtschafts-
gebäude befand, größer und komfortabler als die übrigen Almhütten. Schließlich verbrachten nicht nur
die Sennerin oder der Senn zweimal ein Vierteljahr
auf dem Futterhof, sondern im Hochsommer kamen
zusätzlich für zwei bis drei Wochen der Bauer und
seine »Heuleute«, die das Heu von den umliegenden
Wiesen per Schlitten zu den verschiedenen Stadeln
brachten – mit dem Wagen wäre das zu gefährlich gewesen. Es war einfacher, die Rinder zur Alm aufsteigen zu lassen, als das Heu ins Tal zu schaffen.

Selbstverständlich wartete man mit dem Mähen
– das mit der Sense per Hand erfolgte – , bis eine
Schönwetterperiode zu erwarten war, weil es leichter und zeitsparender war, wenn das gemähte Gras
einfach auf der Wiese zum Trocknen liegen bleiben konnte. Manchmal aber schlug das Wetter um,
nachdem gerade gemäht worden war, und falls der
Regen tagelang anhielt, half alles Warten nicht mehr.
Da hieß es dann, eilig Hievel, die anderswo Heinzen
oder Hoanzen heißen, aufzustellen, damit das wert-
volle Futter nicht am Boden verfaulte. In diesem Fall
wurden erst recht alle Hände gebraucht. Die Männer
rammten die Holzstäbe, die je zwei kleine Querstreben haben, in den Boden, und die Frauen mussten
das nasse Gras daran aufhängen.

Der Futterhof war zwar komfortabler ausgestattet als andere Almen, aber nicht in dem Maße, dass für jeden ein Bett zur Verfügung gestanden hätte. Es gab neben Stube und Küche eine einzige Schlafkammer, in der zwei Betten standen, die sich bisweilen drei oder gar vier Weiberleut teilten. Die Männer hingegen richteten sich auf Stroh ein Nachtlager im Kuhstall, der zu dieser Zeit leer stand, weil sich die Viecher mitsamt ihrer Sennerin längst auf der etwa vierzehnhundert Meter hoch gelegenen Wildalm befanden.

Wir Kinder, die Burgi und ich, bekamen in diesen Wochen auch schon unsere Aufgaben zugewiesen. Dazu gehörte, dass wir regelmäßig zur Futteralm aufsteigen mussten, um den Heumachern das Essen zu bringen. Nach unserer letzten Rückkehr, so gegen halb sieben, gingen wir dann gleich in den Stall, um die Heimkuh – die als einzige auf dem Hof blieb, damit man seine tägliche Milch hatte – zu versorgen. Das konnten wir beinahe so gut wie die Alten, weil wir seit unserem sechsten Lebensjahr zum Melken herangezogen worden waren. Während die eine molk, stopfte die andere Heu in den Barn beziehungsweise die Raufe, wie man anderswo sagt. Dann führte eine von uns die Kuh zur Tränke, und die andere mistete aus. Anschließend fütterte man das Schwein mit den Kartoffeln, die Großmutter Eva bereits gekocht hatte, und streute den Hühnern ihre Körner hin. Bei diesen Tätigkeiten wechselten die Burgi und ich uns gewissenhaft ab.

Nun aber wartete ich nur auf die passende Gelegenheit, endlich zu klären, was mir seit Monaten nicht aus dem Kopf ging. Zum Glück ergab sie sich bereits am ersten Abend der neuen Heusaison. Nach dem Nachtessen – ich half beim Abspülen, während die Burgi das Feuerholz für den nächsten Tag hereintrug – packte ich die Gelegenheit beim Schopf: »Großmutter Eva, stimmt es, dass ich mich Posch schreibe?«

Als sie auf meine Frage bedächtig nickte, wagte ich es, weitere Fragen nachzuschieben: »Wieso heißt es dann immer beim Moar? Und wie kommt's, dass die anderen alle Gstatter heißen?«

Sie schmunzelte ein wenig und streichelte mir mit ihrer abgearbeiteten Hand über den Kopf. »Bist ein gescheites Dirndl, dass du dir schon solche Gedanken machst. Also Moar heißt der Hof. Das ist ein sehr altes Anwesen, wie du an der Zahl über der Haustür sehen kannst. Er stammt nämlich aus dem Jahr 1556.«

»Ach, das ist damit gemeint«, unterbrach ich sie, »und ich hab mich schon immer gewundert, was diese Zahl zu bedeuten hat.«

»Ja, in diesem Jahr wurde der Hof erbaut. Von Anfang an hieß er der Moarhof, aber die Namen der Menschen, die dort lebten, wechselten von Zeit zu Zeit. Der Letzte, der den Hof kaufte, war dein Urgroßvater, der Posch-Martin. Der kaufte ihn zusammen mit seiner Frau, der Egger-Maria, die er kurz zuvor geheiratet hatte. Und nun zu deiner zweiten Frage: Nicht alle hier im Hause heißen Gstatter. Schau, deine Ziehschwester, die Burgi, schreibt sich Dankl, und ich selbst schreib mich Posch, genau wie du. Doch ich gehör ja nimmer zum Haus.«

31

Mit ihrer Antwort hatte die alte Frau auch die Neugier der Burgi geweckt, die gerade mit ihrem vollen Holzkorb in die Küche trat. »Ja, Großmutter Eva, das tät mich jetzt auch interessieren, warum ich mich Dankl schreib.«

Nachdenklich betrachtete die Eva uns eine Weile, dann sagte sie: »Das ist eine lange Geschichte. Die lässt sich nicht so zwischen Tür und Angel erzählen. Kommt, wir gehen in die Stube und setzen uns aufs Kanapee.«

Als wir es uns dort bequem gemacht hatten, bereute die Eva ihr Vorhaben vermutlich schon wieder, denn zu meiner Enttäuschung hörte ich sie sagen: »Eigentlich seid ihr viel zu jung für die Geschichte. Das meiste davon geht noch net in eure kleinen Köpfe hinein.«

Bei diesen Worten müssen wir so enttäuschte Gesichter gezogen haben, dass sie einlenkte. »Ach, ist auch egal. Ich versuch's. Bis ihr alt genug seid, um das alles zu verstehen, leb ich längst nimmer. Und dann ist da niemand, der euch das alles erzählen kann. Also hört gut zu.«

Dann nannte sie eine Menge Namen und Zahlen, dass mir der Kopf nur so brummte. Und auch die Burgi, die bereits zehn war, schaute wie ein Kälbchen, wenn es blitzt. Mittendrin hielt die Eva inne. »Nein, so geht's nicht. Das kann kein Mensch verstehen. Anna, hol mir mal ein Blatt Papier und einen Bleistift.«

Aus der Schublade im Stubenschrank brachte ich ihr Stift und Schreibblock, die der Voda immer benutzte, wenn er ein Schriftstück aufsetzen musste.

Während Großmutter Eva auf das oberste Blatt Namen und Zahlen schrieb und Striche zeichnete, erklärte sie: »Schaut, das ist eure Ururgroßmutter, die Egger-Maria. Sie wurde 1824 geboren und war die Tochter des wohlhabenden Kramerwirts Egger Josef aus Unken. Bei ihr muss ein gewisser Posch eingeheiratet haben, weshalb sie sich fortan Posch schrieb. Von dem ist mir aber nichts Näheres bekannt, noch nicht mal der Vorname. Ich vermute aber, dass er Anton geheißen hat, denn der nachmalige Kramerwirt hieß Toni. Und da er der Erstgeborene war, ist anzunehmen, dass sein Vater ebenso hieß. Die Maria hatte noch einen Bruder, den Egger-Max, der aber die elterliche Wirtschaft nicht übernehmen wollte. Der erlangte einige Berühmtheit, weil er etliche Jahre im Regiment des Erzherzogs Johann diente. Später ist er dann doch noch Wirt geworden, aber in Maria Kirchental. Wegen einer Verwundung am Bein konnte er nicht mehr marschieren und arbeitete zunächst als Knecht beim Brandnerbauern in Gföll, bis er bei einer Wallfahrt die junge Kirchentalwirtin, die Reiter-Maria, kennenlernte. Bald schon heiratete er sie und wurde Wirt in Maria Kirchental. Seine Frau aber ist nur dreißig Jahre alt geworden. 1853 hatte sie einer kleinen Maria das Leben geschenkt, im Jahr 1862 brachte sie den kleinen Max zur Welt und starb bald darauf am Kindbettfieber. Der kleine Max überlebte seine Mutter nur um einige Tage.

Der verzweifelte Egger-Max, der sich um seine Tochter, die mutterlose Maria, nicht recht kümmern konnte, brachte sie zu seiner Schwester, der Posch-Maria, die ihre Nichte mit ihren eigenen Kindern aufzog. Wie viele es waren, weiß ich nicht. Mir ist nur bekannt, dass einer von ihnen, der Martin hieß, euer Urgroßvater wurde. Er verliebte sich in die Maria, doch weil die eine ganz nahe Verwandte war, gab's mit der Heirat Probleme. Behördlicher- wie kirchlicherseits werden nämlich Ehen zwischen Geschwisterkindern nicht gern gesehen. Nur weil was Kleines unterwegs war, erhielten sie die Genehmigung. Von Marias Mitgift, die ganz anständig war, wie beim einzigen Kind des Kirchentalwirts nicht anders zu erwarten, kauften die beiden dann 1875 den Moarhof, der seinerzeit zum Verkauf stand, weil von den vormaligen Besitzern niemand mehr übrig war – zumindest keiner, der den Hof hätte bewirtschaften können. Damit war der Martin, der von zu Hause nicht viel zu erwarten hatte, fein raus. Und das Kind, das Anfang 1876, nur wenige Monate nach der Hochzeit seiner Eltern geboren wurde, war niemand anderes als die Posch-Anna.«

»An die erinner ich mich noch gut«, rief die Burgi erfreut aus. »Das war meine Großmutter.«

»Das stimmt«, bestätigte die Eva und legte eine Erzählpause ein. Diese nutzte ich, um mit dem Zeigefinger an den waagerechten Linien und den senkrechten Strichen entlangzufahren. Nachdenklich sagte ich: »Ja, wenn die erste Egger-Maria unsere Ururgroßmutter ist und den Posch-Anton geheiratet hat, muss der doch unser Ururgroßvater sein.«

»Das stimmt, Dirndl, da hast du richtig mitgedacht.«

»Und wenn sein Sohn, der Posch-Martin, unser Urgroßvater ist«, folgerte ich weiter, »müsste doch

seine Frau, die junge Egger Maria, unsere Urgroßmutter sein.«

»Das stimmt nur zum Teil«, schränkte die Eva ein.
»Sie ist die Urgroßmutter von der Burgi, aber nicht
von dir.«

»Das versteh ich net«, antwortete ich enttäuscht.
»Wieso ist sie die Urgroßmutter von der Burgi, aber
nicht von mir?«

»Ja, ich hab euch ja gleich gesagt, dass es kompliziert wird. Die Posch-Maria, also die Mutter von
der kleinen Anna, bekam im Jahr darauf wieder ein
Dirndl – eine kleine Maria – und verblutete im Kind-
bett. Sie war gerade mal vierundzwanzig Jahre alt.«

»O wie schrecklich«, riefen wir beide fast gleichzeitig aus und hielten uns die Hand vor den Mund.

»Ja, es muss wirklich entsetzlich gewesen sein«,
fuhr Großmutter Eva fort. »Mit den beiden Klein-
kindern war euer verzweifelter Urgroßvater völlig
überfordert. Die eine Magd war zu alt, um einen
Säugling und ein Kleinkind zu versorgen, und die
andere zu jung. Außerdem hatten sie genug anderes
zu tun, denn die Bäuerin fehlte an allen Ecken und
Enden. Händeringend suchte der Martin deshalb
nach einem Pflegeplatz für seine Kinder. Weil er aber
selbst nicht gut von Haus zu Haus gehen und fragen konnte, vertraute er sich dem Pfarrer von Unken
an. Ein guter Hirte kennt seine Schäfchen und weiß,
wo er in einem solchen Fall nachfragen kann. Und so
wusste auch dieser hochwürdige Herr, wo die mut-
terlosen Kinder gut aufgehoben wären.

Er klopfte beim Fuchsbauern an, der sich Friedl
schrieb. Die Bäuerin hatte sieben eigene Kinder

aufgezogen, dazu das ledige Kind einer ihrer Schwestern. Ihr trug der Pfarrer nun den traurigen Fall vor, und ohne zu zögern antwortete die Fuchsbäuerin mit Ja. So kamen die beiden Kleinen auf den Fuchshof, noch bevor ihre Mutter unter der Erde lag.

Die Kinder des Bauern waren schon alle aus dem Haus – bis auf den Ältesten, der den Hof übernehmen sollte, und die Jüngste, die der Mutter im Haus half, solange es keine Schwiegertochter gab. Sie war es dann auch, die sich hauptsächlich mit den beiden Halbwaisen beschäftigte, doch trotz aller Mühe wollte die kleine Maria nicht so recht gedeihen. Sie war schon bei ihrer Geburt sehr zart gewesen und nahm jetzt immer mehr ab, vertrug offenbar die Kuhmilch nicht, obwohl man sie ihr nur verdünnt gab. Nichts half, und wenige Tage nach dem Tod der Mutter folgte ihr die Kleine ins Grab. Über dieses neuerliche Unglück war allerdings kaum jemand verzweifelt. Das war halt damals so, dass man Kinder ohne Muttermilch nur selten durchbrachte.

Die kleine Anna hingegen gedieh prächtig und machte ihren beiden Ziehmüttern viel Freude. Als die Kleine zu sprechen anfing, nannte sie die jüngere der beiden Mutter. In dieser Zeit kam der Posch-Martin, der mit seinen Mägden und Knechten den Moarhof bewirtschaftete, zwar nur selten dazu, nach seinem Kind zu schauen, freute sich aber immer, wenn er es sah, zumal es so gute Fortschritte machte. Einmal, die kleine Anna war mittlerweile zwei Jahre alt, kam er wieder auf den Fuchshof und beobachtete ungesehen, wie sein Kind hinter der Fuchstochter herlief und jauchzend ›Mutter! Mutter!‹ rief.

Als er dann noch sah, wie die junge Frau die Kleine emporhob und liebevoll an sich drückte, war er so gerührt, dass ihm die Tränen kamen. Ja, bin ich denn blind gewesen, fragte er sich selbst und ging zu den beiden hin. Als die Ziehmutter ihm das Kind, das sie noch auf dem Arm hielt, reichen wollte, verzog die Kleine ängstlich das Gesicht und klammerte sich an ihr fest.

Mit trauriger Miene stellte der Bauer fest: ›Sie kennt mich halt nimmer, weil sie mich so selten sieht. Das Gescheiteste wär, wenn sie bei mir auf dem Hof leben tät. Dann hätt ich auch nicht den weiten Weg hierher. Deshalb …‹

Noch ehe er den Satz zu Ende bringen konnte, fiel ihm die Neunzehnjährige ins Wort: »Du willst uns doch net das liabe Kindl wegnehmen wollen?‹

›Nein, nein‹, beteuerte er. ›Ich mein nur … Ich wollt halt fragen … Also, was meinst, ob du die Anna auf dem Moarhof nicht ebenso gut betreuen könntest wie hier? Dann würd sich das Kind an mich gewöhnen, und ich könnt die Zeit für die Besuche bei euch einsparen.‹

Verunsichert blickten ihn zwei blaue Mädchenaugen an. ›Wie meinst das jetzt, Bauer?‹

›Hast mich schon richtig verstanden. Ich möcht, dass du Bäuerin auf dem Moarhof wirst. Denn ich brauch nicht nur eine Mutter für mein Kind, ich brauch auch wieder eine Bäuerin – und eine Frau.‹

Die Fuchstochter spürte, wie sie vor Verlegenheit ganz rot im Gesicht wurde, und antwortete hastig: ›Das wär mir schon recht. Aber du musst erst die Mutter fragen, ob sie mich gehen lässt.‹

Das tat er dann umgehend, und sowohl die Mutter als auch der Vater waren mit dieser Entwicklung einverstanden, denn es galt schon etwas, Bäuerin auf dem Moarhof zu sein. Außerdem würde ohnehin bald eine Schwiegertochter auf dem Fuchshof einziehen, und so kam es, dass die kleine Anna mit etwa zweieinhalb Jahren in ihr Vaterhaus zurückkehrte und ihre Pflegemutter Eva ihre Stiefmutter wurde.« Erschöpft hielt die alte Frau, deren Wangen sich im Eifer des Erzählens gerötet hatten, inne.

»Eva? Hast du Eva gesagt?«, fragte ich ganz aufgeregt. Sie nickte. »Dann bist du diese Frau? Die zweite Frau vom Posch-Martin?«

»Die bin ich. Und dazu deine leibliche Urgroßmutter.«

Jetzt wurde mir klar, warum ich mich zu dieser Frau seit jeher hingezogen fühlte. Zu dritt schauten wir uns noch einmal das Blatt an, das sie für uns aufgezeichnet hatte. Ich wollte mich vergewissern, ob ich alles richtig verstanden hatte. »Aber ich begreife noch nicht, wieso du meine Urgroßmutter bist.«

Sie nahm wieder ihren Stift zur Hand, zeichnete weitere Linien auf das Papier und schrieb Namen sowie Zahlen dazu. »Schau, Anna, dein Urgroßvater und ich haben noch einen Haufen Kinder gekriegt: Ein Jahr nach der Hochzeit lag die kleine Katharina in der Wiege, zwei Jahre darauf der kleine Andi und wieder ein Jahr später eine Eva. Im Jahr darauf folgte eine Sofie. Weil die aber bald an Lungenentzündung starb, nannten wir das nächste Kind wieder Sofie. Danach kamen noch ein Leopold, ein Martin, eine Gertraud und zum Schluss die Resi, die ihr ja kennt.«

Ja, ich erinnerte mich, jeden dieser Namen schon mal gehört zu haben, und konnte einige davon sogar Personen zuordnen. Aber noch immer war mir nicht klar, wo mein Platz in dieser Ahnenreihe war. Als ob sie meine Gedanken erraten hätte, fuhr meine Urgroßmutter fort: »Schau, Anna, diese hier, die Gertraud, meine Zweitjüngste, war beim Vorдеregger als Sennerin angestellt. Nach einem Jahr etwa kam sie nach Hause zurück, hoch in anderen Umständen, und brachte 1909 ein Dirndl zur Welt: eine Sofie. Als sie nach einigen Wochen zu ihrem Brotherrn zurückkehrte, ließ sie das Kind bei uns. Dessen Vater war der Johann, der älteste Sohn des Bauern, der sich Lederer schrieb, und er wollte die Gertraud auch heiraten, sobald ihm sein Vater den Hof übergeben hatte. Bevor es jedoch dazu kam, war die Gertraud schon wieder in anderen Umständen. Dann geschah, noch bevor das Kind geboren wurde, etwas Schreckliches.«

Die Urgroßmutter hörte auf zu erzählen. Sie zog ihr Schneiztiachl, ein Taschentuch, aus der Schürzentasche und wischte sich damit über die Augen. Die Erinnerung an jene Zeit stimmte sie sichtlich traurig. »Ich weiß gar net, ob ich euch davon erzählen soll. Hernach könnt ihr beiden womöglich nicht einschlafen.«

»O doch, bitte, Großmutter Eva«, bettelten wir im Verein. »Erzähl es uns. Denn sonst können wir vor lauter Neugier nicht einschlafen.«

»Da habt's auch recht. Eigentlich hätt ich von der Geschichte gar nicht erst anfangen sollen. Weil ich den Fehler aber nun gemacht hab, muss ich es zu Ende bringen. Wer A sagt, muss auch B sagen.«

Wie gebannt hingen wir an ihren Lippen, als sie fortfuhr: »Ihr kennt ja den normalen Weg nach Unken, auf dem ihr immer zur Schule geht. Es gibt aber außerdem einen anderen – nein, von dem sollt ich euch besser nix erzählen, sonst kommt ihr noch auf dumme Ideen.«

»Meinst den Weg mit dem Klettersteig?«, erkundigte sich die Burgi, und ich fügte arglos hinzu: »Heimzu sind wir den schon mal gegangen.«

»O mei, Kinder«, rief die alte Frau erschrocken aus, schlug die Hände zusammen und beschwor uns: »Das dürft's nie und nimmer machen! Das könnt euer Tod sein. Vielleicht glaubt ihr's mir, wenn ich weitererzähle vom Vorderegger-Johann, der ja dein Großvater ist.« Bei diesen Worten schaute sie mich an. »Der Johann, der war ein ganz Fortschrittlicher. Der hat schon ein Radl besessen, da wusste von uns noch keiner, wie ein solches ausschaut. Ihr wisst's ja selber, dass bei unseren Wegen das Radlfahren unmöglich ist. Der andere Weg aber, den ihr nie wieder gehen dürft, ist weniger steil und auch net so bucklig. Da würd es mit dem Radlfahren ganz gut gehen, dachte sich der Johann, wenn nur der Klettersteig nicht wär. Doch ihm kam eine Idee: Er fuhr mit seinem Radl bis zum Klettersteig und stellte es an einer unterhalb gelegenen Hütte ab.«

»Meinst du etwa die Schutzhütte für die Holzknechte?«, unterbrach die Burgi sie.

»Gewiss, genau die. Mei, Kinder, ihr kennt euch ja bestens aus«, staunte die Eva und erzählte weiter: »Dann stieg er den Klettersteig hinauf und war in einer Viertelstunde daheim. Immer wenn er im

Tal zu tun hatte, benutzte er diesen Weg. Hinunter brauchte er über den Klettersteig nur zehn Minuten, schwang sich auf sein Radl und war viel schneller im Dorf, als wenn man zu Fuß den normalen Weg geht. Viele Male ging das gut – bis zu einem verregneten Tag im November, als er abends nicht nach Hause zurückkehrte. Ihr könnt euch denken, dass seine Leute sich große Sorgen machten und meine Tochter, die Gertraud, erst recht. Sie stand ja kurz vor der Entbindung mit ihrem zweiten Kind.

Er wird wohl ins Wirtshaus gegangen sein, tröstete man sich gegenseitig, doch als er um Mitternacht noch immer nicht zurück war, da dachten alle schon an Schlimmes. Aber mitten in der Nacht, es war schließlich stockfinster und regnete ununterbrochen, konnte man sich nicht auf die Suche begeben. Gleich in der Früh dann, bei der ersten Morgendämmerung, alarmierte der alte Vorderegger alle Nachbarn, und aus jedem Haus ging mindestens ein Mannsbild mit zum Suchen. Sie brauchten nicht lange zu gehen, da fanden sie den Johann schon. Er lag unterhalb des Klettersteigs mit gebrochenem Genick. Man alarmierte die Gendarmerie, die alles absperrte und den Fundort gründlich untersuchte. Sie kamen zu der Feststellung, der junge Lederer müsse beim Aufstieg auf dem vom Regen rutschig gewordenen Steig abgestürzt sein.

Wieder wischte sich die Eva über die Augen, und wir beiden, die bei ihren letzten Sätzen den Atem angehalten hatten, schnauften erst mal gründlich durch. Mich wunderte es ein wenig, dass meine Urgroßmutter diese Geschichte, die immerhin schon sechsundzwanzig Jahre zurücklag, dermaßen mitnahm, obwohl der Lederer-Johann nicht einmal ihr Schwiegersohn gewesen war.

»Und was war dann?«, drängte ich, weil mir ihre Erzählpause gar zu lang erschien.

»Nachdem die Polizei den Leichnam freigegeben hatte, brachte der Vater seinen Sohn mit dem kleinen Pferdewagen nach Hause. Ich sah ihn, als er bei uns vorbeifuhr. Der Vorderegger war kaum wiederzuerkennen: Innerhalb weniger Stunden hatte sich der vormals so stolze Bauer in einen gebrochenen Mann verwandelt, und von diesem Schicksalsschlag konnte er sich nimmer erholen. Und das, obwohl noch zwei andere Buben da waren. Meine Tochter aber, die Gertraud, brach lautlos zusammen, als sie ihren Hochzeiter leblos auf dem Wagen liegen sah. Als bald danach die Wehen bei ihr einsetzten, brachte einer von den Vordereggers sie mit dem kleinen Wagen, auf dem kurz zuvor der Johann gelegen hatte, zu uns und fuhr weiter ins Dorf, um die Hebamme herzubringen. Obwohl die Geburt um etwa drei Wochen zu früh einsetzte, verlief alles sehr schwierig, was wahrscheinlich daran lag, dass sich die Gertraud in ihrem seelischen Schmerz total verkrampfte. Am späten Abend endlich tat deine Mutter ihren ersten Schrei, also genau an dem Tag, an dem ihr Vater tot aufgefunden worden war.«

Abermals trat eine Pause ein, in der wohl jeder von uns dreien seinen Gedanken nachhing. Ich malte mir aus, wie und an welcher Stelle man meinen Großvater gefunden haben mochte. Plötzlich kam mir etwas in den Sinn, das mir seinerzeit auffiel, als ich mit der

Burgi über den Klettersteig ging, aber längst vergessen hatte.

»Hat man den Großvater dort gefunden, wo das Marterl steht?«

»Freilich«, bestätigte die Eva. »Steht das immer noch da?«

Wir nickten beide, denn in dem Augenblick fiel es auch der Burgi wieder ein.

»Nach dem Unglück war ich nie wieder dort«, erzählte die Urgroßmutter weiter. »Aber man hat mir berichtet, dass der alte Vorderegger eines aufstellen ließ und dass er die Stelle oft besucht haben soll. Die Gertraud ist immer wieder hingepilgert, um frische Blumen hinzustellen. Sie hat dauernd geweint in dieser Zeit, und die Kathi, also deine Mutter, hat mit der Muttermilch viele Tränen eingesaugt. Wenn ich daran denk, die Gertraud hätt Bäuerin beim Vorderegger werden sollen! Auf einem so stattlichen Hof!« Erneut liefen der Eva Tränen über die runzligen Wangen, und sie gab sich nicht mal die Mühe, sie vor uns zu verbergen. »Statt dass sie Bäuerin geworden ist, saß sie da mit zwei ledigen Kindern und kein Hochzeiter in Sicht. Nicht mal eine Arbeitsstelle hatte sie. Ob man sie auf dem Hof nimmer sehen wollte, weiß ich nicht. Sie hat nie drüber gesprochen, hat nur behauptet, dort könne sie nimmer bleiben, weil sie alles zu sehr an den Johann erinnerte. Sobald die Kathi entwöhnt war, verdingte sie sich als Sennerin bei einem Bauern in Unken. Die beiden Kinder ließ sie bei uns. Ja, wenn's Buben gewesen wären oder wenigstens einer davon, dann hätten die Vordereggers schon Interesse gehabt. Aber ›bloß Dirndln‹,

die durften wir behalten. Wenigstens zahlen taten sie
für die Kinder, doch das war's. Sonst wollten sie nix
mit ihnen zu tun haben. Dabei waren sie genauso
ihre Großeltern wie wir!«

Da die Eva erneut schwieg, drängte ich: »Und wie
ging es weiter?«

»Ja, wie ging's weiter mit der Gertraud? Die besuchte, wann immer ihre Arbeit es zuließ, das Marterl am Klettersteig. Und da sich die Schutzhütte
für die Holzknechte ganz in der Nähe befand, ließ
sie sich bald von einem Holzknecht trösten, dem
Benzinger-Johann. Den heiratete sie sogar, weil was
Kleines unterwegs war. Stellt euch vor, so einen armen Teifi! Wo sie beinahe Bäuerin geworden wär!
Der Benzinger dagegen hatte hinten nichts und
vorne nichts. Und sie auch nicht. Als Sennerin kann
man eh nichts ersparen, da verdient man ja kaum
mehr als das tägliche Brot, und sein Verdienst reichte
grad für eine winzige Wohnung. Für die beiden vielleicht ausreichend, zumal er die ganze Woche über
in einer Holzknechtshütte lebte und sie auf der Alm,
aber für das Kind, das 1914 zur Welt kam, war kein
Platz dort. Deshalb klopfte die Gertraud bei uns an,
doch hier auf dem Hof waren alle Schlafkammern
belegt. Außer meinem Mann und mir lebte noch die
Anna bei uns, die 1907 den Gstatter-Martin geheiratet hatte. Und der kleine Maximilian war auch schon
da. Außerdem meine Tochter Katharina und dazu
Gertrauds Dirndln Sofie und Kathi. Ein zusätzliches
Kind konnte ich der Anna wirklich nicht zumuten,
denn sie war schließlich die Herrin auf dem Hof,
weil der vom Erbe ihrer Mutter bezahlt worden war.

Nicht dass sie das herauskehrte, dazu war sie ein viel zu feiner Mensch, aber die rechtliche Lage war einfach so, und ich wollt ihre Geduld nicht überstrapazieren. Das alles erklärte ich der Gertraud, die das auch begriff und sich nach einem anderen Pflegeplatz für ihre kleine Maria umschaute. Sie fand einen beim Brandner und konnte wieder auf die Alm, um wenigstens für sich das tägliche Brot zu verdienen. Im Jahr darauf stand sie erneut mit einem schreienden Bündel bei uns auf der Türschwelle. ›Ja, großer Gott, Gertraud!‹, rief ich aus. ›Wen bringst denn da?‹ Zu mehr kam ich nicht, da legte sie schon los: ›Ich hab gehört, dass die Katharina ausgezogen ist. Da müsst ihr doch jetzt ein bisserl Platz haben. Die Kleine heißt Gertraud und ist eine ganz Liebe. Die wird euch net viel Mühe machen.‹

›Ja, vom Platz her tät es schon gehen und auch von den anderen Kindern her. Die sind inzwischen alle schon recht verständig und können sich um deine Kleine kümmern.‹ So hatten wir unverhofft wieder einen Säugling auf dem Moarhof, die Traudl, wie wir die Kleine von Anfang an nannten, damit es keine Verwechslungen mit der Mutter gab.

1918 brachte die Gertraud einen Johann zur Welt. ›Endlich ein Bub‹, verkündete sie voller Stolz. Von dem wollte sie sich zum Glück nicht trennen und nahm ihn mit auf die Alm. Doch als im Jahr darauf ein zweiter Sohn zur Welt kam, klopfte sie erneut bei uns an und ließ ihn da. Inzwischen war nämlich mein Mann gestorben, euer Urgroßvater, der Posch-Martin. Und weil er mir ein Wohnrecht auf Lebenszeit gesichert hatte, konnte ich den kleinen Martin, den man wohl nach seinem Großvater benannt hatte, unbesorgt in meiner Kammer aufnehmen. Wir nannten ihn Martschi, denn auf dem Hof gab es schließlich noch den Gstatter-Martin. Ja, ja«, seufzte die Urgroßmutter erneut tief, »jetzt sitzt die Gertraud da mit ihrem Holzknecht. Er ist zwar ein braver Mann, aber ein Hungerleider. Ein Familienleben ist das nicht. Sie hockt die meiste Zeit auf der Alm, er lebt fast die ganze Woche über mit den Holzknechten in der Hütte, und von den Kindern ist jedes woanders. Nein, nein, gescheiter wär's gewesen, nach dem Tod vom Vorderegger-Johann ledig zu bleiben, wenn das Schicksal es schon nicht wollte, dass sie Bäuerin wird.«

Damit beendete die Eva ihren Bericht. Bei mir aber prägten sich ihre Worte »Gescheiter wär's gewesen, ledig zu bleiben« tief ein und wurden bestimmend für mein ganzes Leben. Vorerst aber saß ich neben ihr auf dem Kanapee und betrachtete abermals aufmerksam die durch waagerechte Striche und senkrechte Linien miteinander verbundenen Namen. »Großmutter Eva, jetzt hast mir so viel erzählt über die Familie, aber ich weiß noch immer nicht, warum ich mich Posch schreib.«

»Das ist doch ganz einfach. Schau hier, dein Urgroßvater und ich schreiben uns Posch. Weil unsere Tochter, die Gertraud, nicht verheiratet war, als ihre Tochter zur Welt kam, erhielt die Kathi ihren Mädchennamen, nämlich Posch. Und diese Kathi hat dich ledig zur Welt gebracht« – hierbei schrieb sie meinen Namen zuunterst auf das Blatt – »deshalb schreibst du dich ebenfalls Posch.«

So ganz leuchtete mir das zwar alles noch nicht ein, aber es musste wohl so sein, wie sie sagte. Um mich zu vergewissern, fuhr ich mit dem Zeigefinger die Striche nochmals nach und begann diesmal bei meinem Namen, also von unten aufsteigend. »Aha, die Posch-Kathi ist meine Mutter, die Posch-Gertraud meine Großmutter, und du bist meine Urgroßmutter.«

»Genauso ist es«, bestätigte die Eva.

»Aber eines verstehe ich nicht. Wie ist das mit der Burgi?«

»Ja, das tät mich auch interessieren«, meldete sich meine Ziehschwester zu Wort.

»Das krieg ich auf dieses Blatt nicht mehr drauf«, seufzte meine Urgroßmutter. Sorgfältig trennte sie das Papier vom Block und löste ein zweites heraus, legte es so dicht neben das erste, dass Kante an Kante stieß.

»Also«, begann Großmutter Eva ihren Vortrag, »hier haben wir den Posch-Martin, euren gemeinsamen Urgroßvater. Seine Tochter Anna aus erster Ehe heiratete den Gstatter-Martin und bekam mit ihm einen Sohn, den Maximilian, der 1907 geboren wurde.«

»Aha«, schaltete ich mich wieder ein. »Der Martin ist also mein alter Pflegevater und der Max der junge.«

»Genau«, bestätigte die Eva.

»Und was ist mit mir?«, wollte die Burgi wissen.

»Ganz einfach, der Max ist dein leiblicher Vater, und demnach ist dann der Martin dein Großvater.« Mit dieser Erklärung gaben wir uns einigermaßen zufrieden und ließen unsere Augen ein weiteres Mal aufmerksam von unten nach oben über die Blätter gleiten. Wir waren so fasziniert davon, dass uns überhaupt nicht auffiel, dass in meiner Ahnenreihe der Vater fehlte und bei der Burgi die Mutter. Wir merkten auch nicht, dass noch immer nicht geklärt war, warum die Burgi Dankl hieß und nicht Gstatter. Für heute ging in unsere kleinen Köpfe wirklich nicht mehr hinein.

Inzwischen war es an der Zeit, die Schlafkammern aufzusuchen. Bevor wir hinausgingen, gab uns Großmutter Eva noch eine letzte dringende Ermahnung mit auf den Weg: »Kinder, geht's mir nie wieder über den Klettersteig!«

Das konnten wir ihr vorbehaltlos versprechen – nicht nur wegen der Geschichte von meinem verunglückten Großvater. Wir hatten nämlich herausgefunden, dass dieser Weg kein bisschen kürzer war als der andere. Beim Verlassen der Stube nahm ich die beiden beschriebenen Blätter an mich, barg sie sorgfältig in meiner Schublade und hütete sie wie einen Schatz.

Damals begriff ich sicher nicht alles, was uns die Urgroßmutter erklärt hatte. Aber von Zeit zu Zeit kramte ich die Blätter hervor und studierte Namen und Zahlen mit wachsendem Verständnis. Besonders dann, wenn in den Gesprächen der Erwachsenen ein Name oder ein Ereignis erwähnt wurde, suchte ich dieses mithilfe meiner »Stammtafel« einzuordnen.

Eines aber begriff ich sofort: dass meine Mutter mich auf dem Moarhof zurückließ, war keineswegs etwas Außergewöhnliches. Hier in diesem Haus waren schon etliche Kinder abgegeben und aufgezogen worden.

Manchmal nahm ich auch meine Blätter heraus, um eine Ergänzung vorzunehmen. Etwa wenn ein neues Familienmitglied hinzukam oder wenn jemand starb. Das war zum Beispiel schon einige Monate nach der Rückkehr meiner Urgroßmutter ins Tal der Fall. Anfang Dezember erhielten wir die Nachricht, man habe die Eva morgens tot im Bett gefunden. Ich vergoss bittere Tränen, und seit diesem Tag wurden ihre letzten Aufzeichnungen noch kostbarer für mich. Ich suchte sie hervor, zeichnete hinter ihren Namen ein Kreuz und schrieb daneben die Jahreszahl 1937.

Eine Hochzeit und viele Kinder

Im November 1937, also noch bevor man Urgroßmutter Eva zu Grabe getragen hatte, stand eine
Hochzeit ins Haus, die zu umwälzenden Verän-
derungen auf unserem alten Hof führte. Es muss
Anfang Oktober gewesen sein, da schnappte ich
beim Nachtessen etwas von einer Hochzeit im
November auf – allerdings nicht wer, wo und wann
genau. Genau das aber fand ich schrecklich interessant, denn bislang hatte ich noch nie eine Hochzeit
miterlebt. Etwas sehr Schönes sei es, mit einer Feier
in der Kirche und einem lustigen Fest hernach im
Wirtshaus, so viel war mir zu Ohren gekommen.

Aber ich fragte nicht nach, denn uns Kindern
hatte man anerzogen, bei Tisch keine Fragen zu stellen, schon gar nicht an die Erwachsenen gerichtet
und erst recht nicht zu Sachen, die uns nichts angin-
gen. Ja, wir durften es uns nicht mal anmerken lassen,
wenn wir etwas mitkriegten, was nicht für unsere
Ohren bestimmt war. Wollte ich also mehr über das
bevorstehende Ereignis erfahren, half nur eines: in
Zukunft meine Ohrwascheln noch weiter aufzusper-
ren, sobald sich zwei Erwachsene unterhielten. Ähnlich hielt es die Burgi, und ihr gelang es tatsächlich,
zwei Mägde, die einen Tratsch hielten, zu belauschen.

»Ja, Genaues weiß ich zwar nicht«, berichtete sie,
»aber am Nachmittag, als die Großdirn mit der Dirn

schwatzte, da hab ich mitbekommen, dass der Hof endlich wieder eine Bäuerin kriegen soll.«

»Eine neue Bäuerin?«, überlegte ich laut, »das kann doch nur bedeuten, dass der Gstatter-Martin wieder heiratet.«

»Ja, glaubst du, dass ein so alter Mann noch eine Frau findet?«, meldete die Burgi ihre Zweifel an.

»Warum nicht? Männer finden in jedem Alter eine Frau und ein Bauer sowieso.«

Diese für eine Achtjährige beachtliche Weisheit stammte ebenfalls von den beiden Mägden, von denen sich immer Interessantes erfahren ließ.

»Vielleicht heiratet ja auch mein Vater«, mutmaßte meine Ziehschwester.

»Nein, das glaub ich net«, verwarf ich ihren Gedanken. »Der ist ja nicht der Bauer. Und du hast selbst gesagt, dass eine neue Bäuerin auf den Hof kommt.«

Zu meiner Verblüffung wartete die Burgi mit einer weiteren Neuigkeit auf, deren Bedeutung ihr wohl erst in diesem Moment klar wurde. »Neulich abends, als ich an der Stube vorbeiging, weil ich noch mal aufs Scheißhäusl musste, hab ich gehört, wie der Großvater und der Vater laut miteinander redeten. Die werden doch nicht miteinander streiten, hab ich gedacht und ein wenig an der Tür gehorcht.«

»Und«, fragte ich aufgeregt, »haben sie gestritten?«

»Na ja, streiten könnt man es eigentlich net nennen. Sie haben nur laut diskutiert.«

»Über was?«, wollte ich wissen.

»Mein Vater hat gesagt: ›Jetzt wär's mal an der Zeit, dass du übergeben tätst.‹«

»Und was hat der Großvater gemeint?«

»›Du Lauser‹, hat er gesagt. ›Meinst vielleicht, mit meinen zweiundsechzig Jahren wär ich zu alt, um noch den Hof zu führen?‹ – ›Das net‹, hat mein Vater geantwortet, ›aber ich wär mit dreißig mittlerweile alt genug, um zu übernehmen.‹«

Die Burgi machte eine bedeutsame Pause. Deshalb drängte ich: »Und weiter?«

»Nichts weiter. Da ist mir kalt geworden, und ich hab geschaut, dass ich wieder ins Bett gekommen bin.«

Nun ja, überlegte ich, wenn der Alte seinem Sohn tatsächlich das Sach übergibt, dann wäre der künftig Bauer, und dann könnte es schon sein, dass der Max derjenige ist, der heiratet. Über solch tiefgründigen Gedanken schlief ich ein und träumte von einer Hochzeit mit Bergen von Kuchen.

So sehr die Burgi und ich in den nächsten Tagen auch die Ohren spitzten, es war nichts über die geplante Hochzeit herauszufinden. Bis sich Ende Oktober alle Rätsel von selbst lösten. Wie alljährlich kam die Schneiderin auf Stör. So nannte man das, wenn eine Frau zum Nähen und Flicken ins Haus kam. Ebenso gab es einen Schuster, der auf Stör ging und einmal im Jahr bei uns im Haus neue Schuhe anfertigte und alle anfallenden Schuhreparaturen erledigte.

Unsere Schneiderin war eine alte Frau mit weißen Haaren, die sie wie fast alle Weiberleut damals zu Zöpfen geflochten als Kranz um den Kopf trug. Gretlfrisur nannte man das. Gekleidet war sie immer mit einem schwarzen Kleid, über das sie eine schwarze Halbschürze mit kleinen weißen Punkten gebunden hatte, und meist hingen weiße Fäden an ihrem Gewand.

Ehe sie sich diesmal an die Nähmaschine setzte und sich dem Berg reparaturbedürftiger Bettwäsche zuwandte, nahm sie bei der Burgi und mir Maß für ein neues Dirndl. Auf unsere verwunderte Frage: »Ja, wieso kriegen wir jetzt ein neues Gewand?«, antwortete sie: »Ihr müsst doch bei der Hochzeit von eurem Vater was gleichsehen.«

»Aha«, griff ich den Hinweis geistesgegenwärtig auf, »und wen heiratet er?«

»Die Mutter von der Burgi. Aber das wisst ihr doch.«

Einmütig schüttelten wir die Köpfe. »O weh, dann will ich nix gesagt haben«, machte sie schnell einen Rückzieher, und tatsächlich war kein weiteres Wort aus ihr herauszubringen.

Doch zwei Tage später, als die Sennerin mit unseren Kühen von der Alm kam, wurde unsere Neugier endlich befriedigt. Nach dem Nachtessen räusperte sich mein alter Pflegevater, der sonst eher wortkarg war, um dann vor sämtlichen Hausbewohnern in feierlichem Ton eine Erklärung abzugeben. »So, Leute, jetzt ist's an der Zeit, dass ihr es erfahrt. Ab dem 1. November ist mein Sohn, der Max, hier der Bauer, und dann wird getan, was er anschafft. Und ab dem 4. November gibt's auch wieder eine Bäuerin auf dem Hof. Das ist nämlich der Tag, an dem der Max heiratet.«

Nach dieser für ihn ungewöhnlich langen Rede schaute er sich selbstzufrieden um, als wolle er die

Wirkung seiner Worte auf uns ergründen. Das gab mir den Mut zu der Frage, deren Antwort wir längst kannten: »Und wen heiratet der Vater nachher?«

»Max, das musst den Dirndln schon selber sagen«, forderte der Bauer seinen Sohn auf. Der druckste erst verlegen herum und sagte dann: »Also, die Mutter von der Burgi ist's, die ich heirate.« Als ob er sich für diese Entscheidung entschuldigen müsse, fügte er hinzu: »Es gehört halt wieder eine Bäuerin ins Haus.«

Aufgeregt schoben die Burgi und ich noch einige Fragen nach: »Woher kommt sie?« »Wie heißt sie?« »Wie sieht sie aus?« »Wie alt ist sie?«

»Ihr braucht gar nicht weiterzufragen«, schnitt er unseren Redefluss ab. »Ihr kennt sie sowieso – sie war schon ein paarmal bei uns auf dem Hof.«

Da wir immer noch dreinschauten, als ob wir nicht bis drei zählen könnten, ergänzte er: »Es ist die Dankl-Walburga, die Tochter vom Hirschbichler.«

»Von unserem Nachbarn?«, erkundigte sich die Burgi zaghaft.

»Genau die«, bestätigte ihr Vater.

»Die hab ich bei denen aber noch nie gesehen«, warf ich ein.

»Das glaub ich gern. Die ist ja seit Jahren bei einem Bauern in Lofer im Dienst.«

Als es uns immer noch nicht reichte und wir allerlei Fragen zum Ablauf der Hochzeit stellten, reichte es dem Max und dem Martin auch. »Das können euch die Weiberleut beantworten«, meinten meine Pflegeväter einmütig, womit sie die beiden Mägde und die Sennerin meinten, und zogen sich in die

Stube zurück. Entweder hielten sie es für unter ihrer Würde, über solche Dinge zu sprechen, oder aber sie kannten sich wirklich nicht so gut damit aus. Vielleicht war ihnen die Fragerei von zwei kleinen Mädchen auch einfach lästig. Die Sennerin, die Großdirn und die Dirn hingegen gaben uns dafür umso bereitwilliger Auskunft. Ja, sie gerieten geradezu ins Schwärmen. Jede von ihnen hatte schon die eine oder andere Hochzeit miterlebt, wenn auch nicht als Braut, so doch als Zaungast in der Kirche oder als Aushilfsbedienung im Wirtshaus.

Der 4. November wurde dann wirklich ein aufregender Tag in unserem Leben. Obwohl der Traugottesdienst in der Dorfkirche erst um elf stattfand, sollten wir bereits um halb neun losmarschieren, damit uns genug Zeit blieb, die Gäste vor dem Gotteshaus zu begrüßen. Die Erwachsenen standen deshalb noch früher auf als gewöhnlich. Es war ja nicht nur die Stallarbeit zu erledigen, die Männer brauchten auch Zeit, um sich für den feierlichen Anlass entsprechend herzurichten. Schon am Vortag hatte die Lisl, die Großdirn, die Trachtenanzüge herausgehängt und im Freien ausgebürstet.

Wir Kinder hätten zwar ein bisschen länger schlafen dürfen, aber vor lauter Aufregung – oder lag es vielleicht an den Geräuschen im Haus? – waren wir vorzeitig hellwach, und nichts hielt uns mehr in unseren Betten. Zuerst glaubte ich, die ungewöhnliche Hektik und Geschäftigkeit habe ihren Grund allein in der bevorstehenden Hochzeit, doch dann erfuhr ich von der verschreckten Sennerin die wahre Ursache. Ausgerechnet in dieser Nacht hatte es zwanzig Zentimeter geschneit, und es wollte und wollte nicht aufhören. Das bedeutete, dass sie gleich nach dem Melken und Füttern mit den Kühen wieder hinauf zur Futteralm musste, obwohl sie gerade erst fünf Tage zuvor abgestiegen war, damit die Tiere während der nächsten zwei Wochen die Wiesen in der Nähe des Hofes noch mal abgrasten. Durch den überraschenden Wintereinbruch war das nun unmöglich geworden, und die Heuvorräte im Hausstadl mussten für die weiteren Wintermonate aufgespart werden. Also blieb der Sennerin nichts anderes übrig, als gleich wieder auf den Berg zu ziehen. Später, als ich selbst Sennerin war, hab ich es sogar mal erlebt, dass ich am Tag vor Allerheiligen mit den Kühen abgestiegen bin und am nächsten Tag wieder hinaufmusste, weil dreißig Zentimeter Schnee gefallen waren. So unberechenbar verhielt sich das bei uns mit dem Wetter.

Der plötzliche Wintereinbruch hatte aber auch sein Gutes, denn wir brauchten nicht zu Fuß zur Kirche zu gehen. Die Schneedecke war bereits dick genug, dass man mit dem Beoschlitten, der von einem oder zwei Pferden gezogen wurde, fahren konnte. Woher das Wort Beo kam, konnte mir niemand erklären. Im Gegensatz zum Holzschlitten, der für den Transport von Holz, Heu und Käse verwendet wurde, diente er zur Personenbeförderung und bestand aus einer Art Pritsche mit Kufen, darauf vorne und hinten eine Sitzbank, auf der jeweils zwei Personen Platz fanden. Damit während der Fahrt niemand herausfiel, wurde das Ganze umgeben von einem Korbgeflecht, das auf beiden Seiten in der Mitte etwas niedriger gehalten war, um das Ein- und Aussteigen zu erleichtern. Vorne gab es einen Schlittenbock für den Lenker.

Wir mussten deshalb gar nicht so früh aus dem Haus wie ursprünglich geplant. Blieb also genügend Zeit, uns schön herauszuputzen. Zu dem feierlichen Anlass steckte die Lisl unsere Zöpfe kunstvoll zu einer Gretlfrisur auf. Da diese Haartracht normalerweise den Frauen vorbehalten war, kamen wir uns mächtig erwachsen vor. Damit wir in unseren neuen, dünnen Kleidchen nicht froren, zogen wir handgestrickte Joppen an, über die wir zusätzlich unsere lodenen Umhänge zogen, die bei uns Jagermantel heißen. Vor allem die Kapuzen würden sich bei dem starken Schneefall als äußerst nützlich erweisen. Diese Kleidungsstücke trugen wir auch bei schlechtem Wetter auf dem Schulweg. Allerdings saugten sie sich bei Regen dermaßen voll, dass sie immer schwerer wurden. Wir mussten sie im Klassenzimmer dann in der Nähe des Ofens aufhängen, sodass sie bis zum Heimweg einigermaßen trockneten.

Nachdem wir Kinder im Schlitten Platz genommen hatten, legten die Männer zusätzlich Decken um uns, ehe sie sich selbst einwickelten. Der eine setzte sich neben mich und der andere neben die Burgi. Der Martschi, zur Zeit meiner Geburt Rossbub, war inzwischen zu einem feschen Burschen herangewachsen und im Umgang mit den Pferden schon fast so geschickt wie der Rossknecht. Er nahm auf dem Schlittenbock Platz und schwang die Peitsche. Dann ging es zügig hinab ins Tal. Das war schon was anderes, als sich zu Fuß durch den Schnee zu quälen, auch

wenn man die Augen vor den wirbelnden Schneeflocken zusammenkneifen musste.

Die Fahrt endete beim Hof eines befreundeten
Bauern, wo Schlitten und Rösser untergestellt wurden. Von hier ab mussten wir den Rest des Weges zur
Kirche zu Fuß gehen, denn im Tal war die Schneedecke für den Schlitten zu dünn. Auf dem Kirchplatz
warteten bereits viele Menschen in ihren Festtags-
gewändern, von denen ich die meisten nicht kannte.
Unter den Verwandten und Nachbarn entdeckte
ich auch Kathi, meine Mutter, und Gertraud, meine
Großmutter. Eine Menge Kinder – die Mädchen im
Dirndl, die Buben in Lederhose, beide mit Strickjop-
pen darüber – waren ebenfalls unter den Gästen. Sie
wurden mir zum Teil als Kinder der Onkel und Tan-
ten vorgestellt. Einige davon kannte ich sogar, weil
sie mit mir dieselbe Schule besuchten.

Auf einmal kam Bewegung in die Menge, und ich
sah, wie eine Kutsche vorfuhr. Sie war, ebenso wie
die vorgespannten Pferde, mit Tannengrün und weißen Bändern geschmückt. Auf dem Kutschbock saß
ein Mann im Trachtenanzug, der stolz die Zügel hielt
und die Peitsche schwang. Wie ich später erfuhr, handelte es sich um den Bauern, bei dem die Walburga
jahrelang als Hausdirn gedient hatte. Er muss wohl
sehr zufrieden mit ihr gewesen sein, dass er es sich
nicht nehmen ließ, sie eigenhändig zu ihrer Trauung
zu kutschieren.

Als Erstes sprangen aus der Kutsche zwei Mädchen, von denen eines so alt sein mochte wie ich,
während das andere wesentlich jünger zu sein schien.
Verblüfft stellten die Burgi und ich fest, dass sie exakt

die gleichen Dirndl trugen wie wir. Sie bestanden nicht nur aus dem gleichen rot gemusterten Stoff wie die unseren, sondern waren auch exakt vom gleichen Schnitt. Die beiden hatten zudem genau die gleichen Schürzen und Blusen an wie wir – das erkannten wir trotz der dicken Joppen.

Gebannt beobachteten wir, wie jetzt der Hochzeiter auf die Kutsche zusteuerte und der Braut beim Aussteigen half. Wunderschön sah sie aus in ihrer Festtagstracht. Aber zur Bewunderung blieb nicht viel Zeit, denn sogleich hieß es Aufstellung nehmen zum Hochzeitszug. Zuerst wir, die vier gleich gekleideten Mädchen, gefolgt vom Brautpaar, und dann marschierten wir unter den Klängen der Blasmusik, die vorneweg ging, in die Kirche hinein. Der lange Brautzug schloss sich an.

Nach der Trauung, der ich mit großem Interesse folgte, zog die ganze Festgesellschaft, wieder unter Musikbegleitung, feierlich aus der Kirche zu einem nahe gelegenen Wirtshaus, wo wir so reichlich und gut mit Speisen verwöhnt wurden, wie ich es noch nie zuvor erlebt hatte. Am Nachmittag folgten dann wirklich jene Berge von Kuchen, von denen ich einige Tage zuvor geträumt hatte. Schade nur, dass ich nach zwei Stücken rundum satt war und partout nichts mehr reinging. Nach dem Kaffeetrinken wurde es wirklich sehr lustig, genau wie die Mägde es beschrieben hatten. Man sang allerlei Lieder, trug Gedichte vor und veranstaltete Spielchen. Und dann gab es, nach einem kurzen Spaziergang, bereits das üppige Abendessen. Ich konnte nicht allzu viel davon kosten, weil ich noch so satt war, aber ich sah, dass es sich die meisten der Gäste problemlos schmecken ließen. Das Geschirr war noch nicht richtig abgetragen, da wurde bereits zum Tanz aufgespielt, den das Brautpaar mit einem Walzer eröffnete, und bald stürzte sich alles ins Gewurschtl. Selbst wir Kinder hüpften eifrig zur Musik herum. Endlich konnten wir uns nach dem langen Stillsitzen und dem reichlichen Essen bewegen.

Auf einmal ging ein Schreckensruf durch den Saal: »Die Braut ist weg!« Was für ein Blödsinn, dachte ich, die wird halt mal aufs Häusl sein. Doch bald begriff ich, dass die Braut wirklich verschwunden war. Wie war das möglich? Sie hatte sich doch die ganze Zeit mitten unter uns Tanzenden befunden. Und wer konnte ein Interesse daran haben, ausgerechnet eine Braut zu entführen? Was, wenn man sie nicht wiederfand? Wenig später klärte uns jemand darüber auf, dass dies ein alter Hochzeitsbrauch sei und die Braut nicht weit sein könne. Vermutlich wartete sie bereits in einem anderen Wirtshaus auf ihre Befreiung. Der Hochzeiter und zwei gestandene Mannsbilder aus der Verwandtschaft machten sich also auf die Suche, während wir weiter unermüdlich auf der Tanzfläche herumhüpften.

Als der Gstatter-Max nach langer Zeit triumphierend mit der Walburga und seinen Freunden wieder auftauchte, schwankten die Herren ganz schön. Wie ich erfuhr, war es üblich, in jedem Lokal, in dem sie nach der Braut suchten, einen Schnaps zu trinken. Und auch dort, wo sie sie endlich fanden, mussten sie sie von den Entführern mit einigen Schnäpsen auslösen. Da war offenbar einiges zusammengekommen, doch das tat der Fröhlichkeit keinen Abbruch. Im Gegenteil, die Stimmung wurde zusehends ausgelassener.

Für uns Kinder wurde es spät an diesem Abend. Ich weiß nicht mehr, ob es noch vor Mitternacht war oder bereits danach, als wir in den Schlitten verfrachtet wurden. Aber nicht nur die Burgi und ich, sondern auch die beiden Mädchen mit den gleichen Dirndlgewändern wie wir. Inzwischen hatten wir uns ein wenig angefreundet und wussten, dass sie Elisabeth und Marianne hießen. Die Große war tatsächlich so alt wie ich, die Kleine hingegen erst vier. Der Voda nahm auf dem Bock Platz, lenkte den Schlitten in Richtung Gföll, und bald schnauften die Rösser mit ihrer Last den Berg hinauf. Davon merkten wir allerdings so gut wie nichts, denn nach wenigen Metern waren wir bereits alle vier eingeschlafen. Ich wachte erst wieder auf, als der Gstatter-Martin mich ins Haus trug und der Großmagd übergab. Dass die mir mein Gewand auszog, bekam ich schon wieder nicht mehr mit. Am folgenden Morgen – es war bereits taghell, als ich endlich die Augen aufschlug – sah ich mein Dirndlgewand jedenfalls auf einem Bügel am Schrank hängen. Daneben hing das etwas größere von der Burgi. Die blinzelte ebenso verschlafen in den Tag. Da wusste ich erst sicher, dass die Hochzeit kein Traum gewesen war.

Am Frühstückstisch erwartete uns die nächste Überraschung. Der alte Ziehvater saß bereits da, während die Großdirn geschäftig hin und her lief, um aufzudecken. Es war schließlich Sonntagmorgen, da ging es immer etwas feiner zu als sonst. Und da es zudem der Hochzeitsmorgen des neuen Bauern war, duftete es sogar nach echtem Kaffee. Kaum dass meine Ziehschwester und ich am Tisch saßen, erschien die Walburga, die ich am Tag zuvor in ihrem Brautstaat bewundert hatte, in einem einfachen Arbeitsgewand und führte die beiden Dirndln Elisabeth und Marianne herein, gefolgt von ihrem noch verschlafen wirkenden Ehemann. Dass die fremden Mädchen mit uns frühstückten, fand ich nicht so außergewöhnlich. Danach würden sie, vermutete ich, bestimmt zu ihrer Familie zurückgebracht. Nachdem wir aber mit großem Appetit unser Marmeladenbrot – das es zur Feier des Tages gab – gegessen und die Milch getrunken hatten, hielt die neue Bäuerin eine kleine Ansprache, mit der sie nicht nur die Burgi und mich überraschte, sondern auch die beiden fremden Mädchen.

»So, Burgi, dass ich deine Mutter bin, das weißt ja schon von deinem Vater. Und ihr beiden, Elisabeth und Marianne, dass ihr's nur wisst, der da ist euer leiblicher Vater. Ihr und die Burgi seid also Schwestern. Und da wir ab sofort alle hier im Haus leben, hoff ich, dass ihr gut miteinander auskommt.«

Vor Staunen brachte zunächst keine von uns ein Wort heraus. Schließlich fasste sich die Burgi ein Herz: »Vater, ist das gewiss wahr?«

Der nickte: »Ja, Dirndl, das ist es.«

Dann wandte sich die Walburga an mich. »Und du, Anna, bist mir genauso willkommen wie meine eigenen Töchter. Ab heute bin ich auch deine Mutter.« Ich sah, wie mein Pflegevater Max zu diesen Worten bestätigend nickte.

Das gab mir den Mut zu sagen: »Das find ich gut, Mutter, dann hab ich ab heute zwei Ziehschwestern mehr.«

Weiter wurde nicht viel Aufhebens um die veränderte Familiensituation gemacht. Die Tagesaufgaben wurden verteilt, und jeder erledigte die ihm zugewiesene Pflicht. Selbst die kleine Marianne wurde schon eingebunden, denn sonst hätte sie sich nur gelangweilt.

Am nächsten Tag hieß es für uns Schulkinder wieder den Weg zur Schule anzutreten. Wie gewohnt versammelten wir uns am unteren Bauernhof und trabten miteinander zu Tal, diesmal begleitet von der Elisabeth. Obwohl der gleiche Jahrgang wie ich, besuchte sie eine höhere Klasse, denn ich war ja seinerzeit wegen meiner geringen Größe zurückgestellt worden.

Einige Monate später wartete der Vater abermals mit einer Neuigkeit auf: »So, Dirndln, morgen fahren wir gemeinsam mit dem Beoschlitten zur Schule. Ich muss eurem Lehrer nämlich mitteilen, dass ihr euch ab sofort Gstatter schreibt und nicht mehr Dankl. Ich hab euch nämlich für ehelich erklären lassen.« Was das genau bedeutete, wusste keine von uns, und keine fragte weiter nach. Mich betraf es ohnehin nicht, denn ich schrieb mich nach wie vor Posch und war damit zufrieden.

Obwohl wir uns mit den beiden neuen Schwestern gut verstanden, war es doch so, dass die Burgi und ich uns enger zusammenschlossen und die beiden anderen sich auch. Bei denen war das insofern erstaunlich, als sie sich ebenfalls nicht besonders gut

kannten. Wie ich nämlich später von meiner Ziehmutter erfuhr, hatte sie die Kinder auf dem elterli-
chen Hof zur Welt gebracht und sie bis zum Alter
von vier Jahren dort gelassen. Dann erst konnte sie
die eine und später die andere zu sich auf den Hof
nehmen, wo sie in Dienst stand. Das bedeutete, dass
die kleine Marianne noch gar nicht lange, nur ein paar
Monate, bei der Mutter und der großen Schwester
gelebt hatte. Es war übrigens durchaus üblich, den
Mägden den Zuzug von Kindern ab einem gewissen
Alter zu gestatten. Die konnten kleinere Aufgaben
übernehmen, wuchsen schön langsam in ihre Pflich-
ten hinein und waren billige Arbeitskräfte.

Ab Januar 1938 musste ich den Kommunionunter-
richt besuchen, da ich nach Ostern zur Erstkommunion gehen sollte. Der Pfarrer war so vernünftig,
diese Unterweisung, die einmal in der Woche stattfand, an den Schulunterricht anzuhängen, damit
die Kinder, die außerhalb des Dorfes wohnten, den
langen Weg nicht zweimal am Tag machen mussten
– was wir zeitlich auch gar nicht geschafft hätten.
In den ersten Wochen kamen wir nach dem Kom-
munionunterricht ohnehin schon in die Dunkelheit
hinein.

Auch wenn wir durch die Schule ziemlich erschöpft und nicht mehr besonders aufnahmefähig
waren, lernten wir fleißig für diesen bedeutenden
Tag in unserem Leben. Der Pfarrer verstand es, uns
so zu Jesus hinzuführen, dass wir den Weißen Sonntag kaum noch erwarten konnten. Je näher er her-
anrückte, umso aufgeregter wurde ich. Vermutlich

erging es den anderen Kindern ebenso. Wir freuten uns unbeschreiblich darauf, den Heiland endlich empfangen zu dürfen. Allerdings nicht wegen der großen Feier oder der Geschenke, wie das vielfach bei den heutigen Kindern der Fall ist, denn richtig gefeiert wurde bei uns nicht, und Geschenke gab es auch keine. Jedes Kind bekam sein erstes eigenes Gebetbuch und einen Rosenkranz, und das war's. Normalerweise zumindest, denn ich erhielt noch ein Geschenk, über das ich sehr überrascht und hocherfreut war und das mir noch lange von Nutzen sein würde.

Es war am Ostersamstag, ich stand an der Bank vor dem Haus und putzte die Schuhe für die ganze Familie, wie es alle drei Wochen im Wechsel mit der Burgi und der Elisabeth meine Aufgabe war. Mit einem Mal trat ein Mann neben mich und fragte: »Bist du die Anna?«

Ich wandte mich um, damit ich sein Gesicht sehen konnte. Es kam mir irgendwie bekannt vor, ich musste ihn schon irgendwo gesehen haben, doch seinen Namen wusste ich nicht. »Ja, ich bin die Anna, und wer bist du?«

»Ich bin der Bichler-Lorenz, dein Vater.«

Ich lachte hell auf: »Willst mich wohl auf den Arm nehmen, wie? Meine Väter kenn ich genau. Der eine ist der Gstatter-Martin und der andere der Gstatter-Max.«

»Ich weiß, das sind deine Ziehväter, aber ich – ich bin dein richtiger Vater.«

Da er das so ernsthaft vorbrachte, war ich geneigt, ihm zu glauben. Dennoch fragte ich misstrauisch: »Und was willst nachher von mir?«

»Du gehst doch bald zur Erstkommunion?«

»Jaaa.«

»Dazu wollt ich dir ein Geschenk bringen.«

»Ein Geschenk?« Ich konnte es nicht glauben, bis er mir etwas reichte, das in Zeitungspapier eingewickelt war. Brav sagte ich Danke, wie man mir das beigebracht hatte, und schon war der Mann verschwunden. Ich aber stürzte mit dem Packerl ins Haus zur Walburga: »Da Mutter, schau, das hat mir eben ein Mann gegeben, der behauptet, mein Vater zu sein.«

»Aha«, sagte sie nur, »dann hat mein Wink doch was genutzt.«

»Was meinst jetzt damit?«, fragte ich irritiert.

»Schau doch mal rein«, forderte sie mich auf.

Zu meinem Erstaunen wickelte ich ein Paar funkelnagelneuer Schuhe aus dem Papier.

»Probier mal, ob sie dir passen.«

Das ließ ich mir nicht zweimal sagen. Nie zuvor in meinem Leben hatte ich schließlich neue Schuhe besessen, sondern immer die abgelegten von der Burgi aufgetragen. »Ein bisschen zu groß sind sie mir«, stellte ich fest.

»Dann passt's ja«, behauptete meine Ziehmutter. »Besser zu groß als zu klein. Du wirst schneller wieder rauswachsen, als dir lieb ist.«

»Was hast denn vorher mit Wink gemeint?«, hakte ich, auf den Anfang unseres Gesprächs zurückkommend, nach.

»Ja, weißt, zu deinem Vater hab ich gesagt: ›Dein Dirndl geht bald zur Erstkommunion, und bislang hast noch keinen Schilling für sie ausgegeben. Nicht mal gescheite Schuhe hat die Anna für diesen Tag.‹

Dann wollt er wissen, wie groß denn die Schuhe sein müssten. Da hab ich einen Schuh von der Burgi, die grad dabei war, auf ein Blatt Zeitungspapier gestellt und bin mit einem Bleistift drumherum gefahren. Das hat er dann als Muster mitbekommen.«

Ich war sehr stolz auf meine neuen Schuhe. Man kann sie natürlich nicht mit denen vergleichen, wie die Mädchen sie heute am Weißen Sonntag tragen. Die meinen waren vom Schuster aus derbem Rindsleder gemacht, reichten bis weit über die Knöchel hinauf und hatten Haken und Ösen für die Schuhbandel. Als ich nach zwei Jahren rausgewachsen war, hat die Marianne sie aufgetragen. Diese Schuhe waren tatsächlich das Einzige, was ich jemals von meinem Vater bekam.

Im Frühsommer 1938, als wir uns gerade auf den Schulweg machen wollten, hörte ich, wie unsere Mutter ihrer Ältesten etwas zuflüsterte. Soviel ich verstand, ging es um die Hebamme. Und die Burgi trabte auch gleich so schnell los, dass wir anderen es bald aufgaben, mit ihr Schritt zu halten. Unterwegs versuchte ich vergeblich, aus der Elisabeth nähere Informationen herauszuholen, und musste im Unterricht immer wieder an meine Pflegemutter denken. Wieso brauchte die plötzlich eine Hebamme? Auf dem Pausenhof suchte ich nach der Burgi und wollte von der wissen, was das zu bedeuten hatte, warum sie die Hebamme rufen sollte.

»Soviel ich weiß, braucht man eine Hebamme, wenn man ein Kind kriegt«, war ihre einfache Erklärung. »Aha«, sagte ich nur.

Als wir gegen halb vier wieder bei unserem Hof ankamen, trat eine relativ junge Frau gerade aus der Haustür. In ihrer Linken trug sie eine große braune Ledertasche mit Schnappverschluss, und mit der Rechten winkte sie uns zu sich heran. »Das ist die Hebamme«, flüsterte die Burgi mir zu.

Geheimnisvoll tat sie dann, die Hebamme: »Ein neues Schwesterl habt's gekriegt. Wenn ihr zur Mutter in die Kammer geht, seid's bittschön recht leise. Ach was, ich geh grad mit.«

Sie ließ ihren Koffer im Hausgang stehen und schlich uns vorab die Treppe hinauf. Behutsam öffnete sie die Kammertür der Eltern und sagte: »Walburga, Besuch ist da. Darf er reinkommen?«

»Nur herein damit«, hörte ich die vertraute Stimme der Mutter. Zunächst drängten wir uns alle um ihr Bett, bis die Elisabeth fragte: »Wo ist denn das neue Schwesterl?«

»In der Wiege natürlich, wo es hingehört«, antwortete statt der Mutter die Hebamme und führte uns dorthin. Ein dickes Kissen versperrte uns den Blick auf das Baby, sodass nicht viel von ihm zu sehen war. Da die Hebamme unsere enttäuschten Gesichter sah, versprach sie: »Morgen Nachmittag komm ich wieder. Dann dürft ihr zuschauen, wie ich die kleine Rosa frisch wickele. Jetzt wollen wir sie schlafen lassen.«

»Dürfen wir sie dann auch einmal auf den Arm nehmen?«, erkundigte sich eine der leiblichen Schwestern.

»Gewiss dürft ihr das, bestimmt öfter, als euch lieb ist«, hörten wir vom Bett lachend die Mutter sagen. »Ich rechne sehr darauf, dass ihr abwechselnd bei ihr die Kindsmagd macht, wenn ich wieder hinaus aufs Feld muss.« So kam es dann auch. Zwei von uns Großen gingen jeweils mit der Mutter aufs Feld zum Arbeiteten, während die dritte daheimblieb und auf Klein–Rosa aufpasste. Ehe es aber so weit war, stürmten wir auf den Vater zu, als der am Abend vom Feld kam. Brühwarm überbrachten wir ihm die große Neuigkeit und besuchten gemeinsam mit ihm nochmals die Mutter und den Säugling. Bedauernd sagte die Walburga: »Tut mir leid, Max, dass es wieder ein Dirndl geworden ist.«

»Das braucht dir aber net leidzutun, Walburga. Dirndln werden doch auch gebraucht – Hauptsache, es ist gesund.« Er trat an die Wiege, schob das dicke Kissen ein wenig zurück und stellte lächelnd fest: »Liab schaut's aus. Und da bisher eines immer schöner als das andere war, werden gern auch weitere Dirndln entgegengenommen.« Da wich der traurige Gesichtsaudruck der Bäuerin einem kleinen Lächeln.

Zwei Jahre später lag dann allerdings der ersehnte Stammhalter in der Wiege, nach seinem stolzen Großvater Martin genannt. Und wieder ein Jahr danach, also 1941, folgte die Erika, 1945 Max junior und 1952 Johanna, die das Schlusslicht bildete. Zu diesem Zeitpunkt war ich aber schon längst aus dem Haus.

Was meine zweite Ziehmutter, die Walburga, anbetraf, so war sie immer nett zu mir trotz ihrer eigenen, stetig wachsenden Kinderschar, und so hatte ich nie das Gefühl, nicht dazuzugehören. Irgendwie kam es mir immer so vor, als sei sie meine richtige

Mutter, auch wenn ich natürlich wusste, dass es sich anders verhielt. Aber sie hat uns Kinder alle gleich behandelt. Wir mussten hart arbeiten, wie das halt auf einem Bauernhof so ist, und wenn wir etwas besonders gut gemacht hatten, wurden wir gelobt oder belohnt. Oder im gegenteiligen Fall geschimpft, jedoch immer gerecht. Sie hat nie eines bevorzugt oder benachteiligt. Sie nahm uns auch mal in den Arm oder streichelte einem die Wange und tröstete, wenn etwas passiert war. So viel Zeit nahm sie sich trotz ihrer vielen Arbeit immer.

Weihnachten auf dem Moarhof

An die Weihnachtsfeste, die ich im Kreise meiner Zieheltern und der Geschwisterschar erlebte, erinnere ich mich besonders gern. Schon tagelang vorher wehte ein Duft von Anis und Zimt und Nelken durchs ganze Haus. Bereits das erste Weihnachtsfest, das die Walburga für uns ausrichtete, wurde zu einem unvergesslichen Erlebnis. Sie tat zwar nichts anderes, als die alten Bräuche fortzuführen, die ich bereits aus früheren Jahren kannte, aber bei ihr bekam alles eine besondere Note. Es ging feierlicher, inniger zu – sie war ganz einfach die Seele des Ganzen.

Bei Einbruch der Dämmerung versammelten wir uns in der Stube, alle Familienmitglieder sowie die Dienstboten, denn die blieben über die Feiertage bei uns. Niemand in der Landwirtschaft bekam frei, denn die Arbeit konnte man schließlich nicht liegen lassen, die musste getan werden. In dem Moment, wo man eine Stellung annahm, gehörte man mehr zur Familie des Brotherrn als zur eigenen. Also waren wir alle in der Stube, mit Ausnahme vom Max, der eigenartigerweise ausgerechnet am Heiligen Abend mal wieder »ganz wichtige Aufgaben« in der Scheune zu erledigen hatte. Wir Großen wussten natürlich, dass er mit der kleinen Fichte, die seit dem Vortag dort stand, nach oben in die Kammer von der Burgi und mir schlich, um sie aufzustellen und zu schmücken. Derweilen knieten wir uns auf den Boden, um den Freudenreichen Rosenkranz zu beten, wobei Mutter Walburga vorbetete und wir anderen abnahmen, das heißt, wir sprachen immer die zweite Hälfte des Gebetes.

Anschließend marschierten wir in die Küche, wo es das festliche Nachtessen gab, die traditionellen Schneckennudeln. Dazu wurden Stücke von Hefeteig mit den Händen ausgezogen, mit Marmelade bestrichen und aufgerollt, senkrecht in eine Kastenform, die Nudelreih, gestellt und im Backrohr gebacken. Auf dieses Essen, zu dem auch Vater Max erschien, freute man sich schon das ganze Jahr. Im Anschluss daran begaben sich die beiden Männer und die Mägde in den Stall, während wir anderen unterdessen in der Stube kniend den Schmerzhaften und den Glorreichen Rosenkranz beteten. Das fiel uns nicht leicht, aber wir hielten durch. Wir wussten ja, dass wir danach die schönste Belohnung erhielten, die man sich denken konnte. Deshalb lauschte jedes von uns Kindern trotz des frommen Betens immer zum Hausgang hin, um nur ja nicht das Läuten des feinen Glöckchens zu überhören.

Wenn es endlich erklang, sprangen wir wie elektrisiert auf, stürmten jubelnd in den Gang und die Treppe hinauf. Schon von Weitem erspähten wir durch die offene Kammertür den Schein des Lichterbaums, der in der Mitte des Raumes auf einem kleinen Tisch stand. Und dort wartete für jeden ein Teller mit Gebäck, Äpfeln und Nüssen, zudem für jedes Kind und für jeden Dienstboten ein Paar neuer Wollsocken, die die Mutter heimlich in den

Abendstunden gestrickt hatte. Der Weihnachtsbaum wurde deshalb in einer Schlafkammer aufgestellt, weil es dort kühl war. In der beheizten Stube nämlich hätte er viel zu schnell die Nadeln verloren.

Nachdem der Vater die Weihnachtsgeschichte vorgelesen hatte, stürzte sich jedes Kind auf seinen Teller und trug ihn in die Stube, wo man dann gemütlich beisammensaß. Die Erwachsenen tranken Glühwein, dessen Duft uns lieblich in die Nase stieg, während wir Kinder auf der Eisenplatte, die in einer Nische des Kachelofens eingebaut war, Esskastanien rösteten. Dort wurde auch die Kanne mit dem Glühwein für die Erwachsenen warm gehalten. Sobald die Kastanien schwarz waren oder ihre Schalen platzten, wusste man, dass sie genau recht waren zum Essen. Dazwischen naschte man mal eins von den Weihnachtsplatzerln, aber nicht viele. Schließlich wollte man ja für die kommenden Tage auch noch etwas haben. Außerdem spielten wir mit Begeisterung das sogenannte »Wolfsspiel«, das der Voda vor Jahren für die Burgi und mich gebastelt hatte. Es bestand aus einem grob gehobelten, fast quadratischen Brett mit vielen kleinen Löchern, die gerade so groß waren, dass man kleine geschnitzte Holzstücke hineinstecken konnte. Das Spiel war für zwei Leute gedacht, von denen einer mit hellen Holzstücken, den Schafen, spielte, während die dunklen Hölzer des anderen die Wölfe darstellten. Sein Bestreben war es nun, möglichst viele Schafe zu erwischen. Er konnte aber nur eines fangen, wenn er sich in einem Loch unmittelbar vor einem Schaf befand und über dieses hinweg in ein freies Loch springen konnte. Das Bestreben des »Schafbesitzers« wiederum bestand darin, möglichst viele seiner Schafe zu retten, indem er sie rechtzeitig in den »Stall« brachte. So spannend dieses Spiel auch war – es kam öfter vor, dass wir die Gespräche der Erwachsenen viel, viel spannender fanden. Dann ließen wir die Figuren stehen und lauschten angestrengt. Auf diese Weise erfuhr ich so manches, was eigentlich nicht für Kinderohren bestimmt war.

Gegen neun Uhr hieß es dann für die Kinder: »Marsch ins Bett!«, während sich die Erwachsenen langsam auf den Gang zur Mitternachtsmette machten, denn der Weg nach Unken dauerte bei Tageslicht schon seine zwei Stunden. Da war es ratsam, in der Dunkelheit und bei Schnee sehr rechtzeitig aufzubrechen. Vor allem wenn man einen Sitzplatz erwischen wollte, was in Anbetracht des langen Heimwegs mehr als wünschenswert war. Die Laterndl für den nächtlichen Kirchgang waren bereits vom Dachboden heruntergeholt und vorbereitet worden und standen nun draußen auf der Hausbank neben der Tür. Man musste sie nur noch anzünden.

Uns Kindern erschien der nächtliche Gang zur Mette als großes Ereignis, und wir fieberten dem Tag entgegen, an dem wir zum ersten Mal mitdürften. Sobald wir das vierzehnte Lebensjahr erreicht hatten, war es so weit. Ich kann mich noch gut erinnern, dass ich es wirklich so romantisch fand wie in meinen Träumen, als wir mit den Laternen durch den kniehohen Schnee stapften. Überall sah man ferne Reihen schwankender Lichtpunkte, die sich auf das Tal zubewegten. Auch die Christmette gefiel mir: Es war schön und feierlich, und die Lieder, die gesungen wurden, gingen einem so recht zu Herzen. Allerdings fand ich die Mette viel zu lang. Nahezu zwei Stunden dauerte sie, und dann folgte noch der weite Heimweg. Halbtot sank ich schließlich in mein Bett und dachte: Nie wieder Mitternachtsmette! Doch im Jahr darauf konnte ich es erneut kaum erwarten.

Der Senn und die Viehdiebe

Nachdem der Max auf dem Moarhof das Regiment übernommen hatte und wieder eine Bäuerin eingezogen war, taugte es dem Gstatter-Martin nicht mehr so recht auf seinem Anwesen. An allem grantelte er herum, hatte überall etwas auszusetzen und kam sich überdies ziemlich überflüssig vor.

Zum Glück fand er eine passende Lösung, die er eines Abends, Ende Februar 1938, beim Nachtessen, als alle versammelt waren, verkündete: »Wisst's was? Ende März geh ich auf die Alm, wenn ihr nix dagegen habt.«

»Warum nicht?«, fragte sein Sohn. »Almerfahrung hast ja.«

»Ja, ja«, schmunzelte der Vater, »erinner mich bloß nicht an diese Geschichte.«

»Was für eine Geschichte?«, wollten wir Kinder wissen. Denn für Geschichten aller Art waren wir immer zu haben. Andere Zerstreuungen wie Radio und Fernsehen gab es ja noch nicht. Und wenn, wir hätten sie gar nicht anschließen können, weil uns dazu der elektrische Strom fehlte. »Bitte, erzähl uns die Geschichte, Voda«, bettelten wir.

»Also gut, aber net hier. Kommt mit in die Stube.«

Als der Altbauer zu sprechen begann, waren wir so still, dass man das Fallen einer Stecknadel hätte hören können.

»Es war 1934. Weil sonst niemand zur Verfügung stand, verbrachte ich einige Monate in dem Kaser auf der Futteralm. In dieser Zeit hab ich eine aufregende Sache erlebt, die mir heute noch nachgeht. Es war Mitte November, gegen zwei Uhr in der Nacht, als ich durch ein Geräusch aus dem Schlaf gerissen wurde. Angespannt horchte ich in die Dunkelheit. Irgendwas schien da vorzugehen beim Kuhstall. Ein Klatschen, gefolgt vom Brüllen einer Kuh. Schnell sprang ich aus dem Bett, um nachzuschauen, ob sich vielleicht eins der Viecher losgerissen hatte. Nix wie raus, war mein erster Gedanke. Noch während ich im Finstern hastig in meine Hosen stieg, hörte ich weitere Geräusche – eindeutig Stimmen, gedämpfte Männerstimmen, von denen mir eine sogar bekannt vorkam. Aber es war nicht die Stimme eines Freundes, das wusste ich mit Sicherheit. Im Gegenteil: Das musste einer sein, von dem ich nichts Gutes zu erwarten hatte. Deshalb verzichtete ich darauf, sofort hinauszulaufen, sondern schlich zum Stubenfenster, um nach draußen zu spähen, aber die Nacht war stockschwarz.

Vorsichtig zog ich das Fenster einen Spaltbreit auf und horchte hinaus. Nun erkannte ich die eine Stimme einwandfrei, und bei einer zweiten war ich auch ziemlich sicher. Das konnten nur ein hinlänglich bekannter Vater und sein Sohn aus Ruhpolding sein, dachte ich. Außer ihnen machte ich noch die Stimmen von zwei weiteren Männern aus. Diese Dreckskerle! Ganz eindeutig schickten sie sich an, mir eine Kuh zu stehlen. Trotzdem blieb ich im Haus, denn die beiden aus Ruhpolding standen in dem Ruf, brutale Burschen zu sein, und da durfte ich nicht darauf hoffen, dass die anderen besser waren. Schließlich lässt sich Gesindel alleweil gern mit Gesindel ein. Die würden mich glatt erschlagen, wenn ich mich einmischte. Noch ein letztes Muhen von meiner Kuh, dann herrschte Grabesstille. Ich legte mich wieder ins Bett, weil mir allmählich kalt wurde, doch an Schlaf war nicht mehr zu denken.

Um vier Uhr stand ich auf und ging in den Stall, weil es Zeit war zum Melken. Zuerst leuchtete ich mit der Petroleumlampe alles ab und entdeckte, was ich befürchtet hatte: Der Platz meiner besten Kuh war leer! Ich kann euch gar nicht beschreiben, wie wütend ich war. Trotzdem erledigte ich erst alle Arbeiten, bevor ich hinunter nach Unken stieg, um die Sache auf dem Gendarmerieposten zu melden. Zwei Schantinger machten sich gleich mit mir auf den Weg nach Ruhpolding. An der Grenze machte man uns keine Probleme, als die Beamten erfuhren, um was es sich handelte. Allerdings mussten wir auf dem zuständigen Polizeirevier um Amtshilfe nachsuchen, wie das so schön heißt, denn in Deutschland durften die Österreicher nicht zugreifen. Also statteten wir schließlich zu viert dem von mir verdächtigten Bauern einen Besuch ab. Hämisch grinsend führte er uns in seinen Stall. Dort stand nur eine einzige Kuh, wie um diese Jahreszeit üblich, aber es war nicht die meine.

Vermutlich war die Sache kompliziert. Es dürfte sich um eine ganze Diebesbande gehandelt haben, die gestohlene Viecher in den verschiedenen Ställen hin und her schob, damit man ihnen nicht auf die Schliche kam. Wenn die Polizei einem Verdacht nachging, fand sie nämlich immer die falsche Kuh vor. Solche Geschichten scheinen damals oft passiert zu sein, und deshalb hab ich von dem Tag an alle Ställe mit soliden Vorhängeschlössern gesichert. Was ich mich aber bis heute frag, das ist, wie die Viehdiebe meine Kuh und andere über die Grenze gebracht haben. Wollte man nicht Patrouillen in die Arme laufen, gab es nur eine einzige Möglichkeit abseits der Grenzhütte. Doch das war ein halsbrecherischer Weg, zumal bei Nacht.«

So weit Martins Erzählung. Später, als ich etwas älter war, zeigte er mir diese Stelle. Es war und ist mir unbegreiflich, wie das gegangen sein soll. Die müssen das Vieh durch den Staubbachfall runtergebracht haben, über einen ganz steilen Weg von höchstens einem Viertelmeter Breite. Für einen einzelnen Menschen schon schwierig zu begehen, aber für vier Mann mit einer ausgewachsenen Kuh?

»Dass du auf die Alm gehst, ist eine gute Idee«, kam die Schwiegertochter auf das anfängliche Gespräch zurück. »Dann ersparen wir uns die Suche nach einer neuen Sennin, nachdem die Sali so Knall auf Fall weg ist.« Die hatte nämlich, kaum dass sie am 21. Dezember mit den Kühen von der Alm zurück war, gekündigt, weil sie daheim dringend gebraucht wurde.

»Eben, das hab ich mir auch gedacht. Außerdem bin ich dann mein eigener Herr und kann tun und lassen, was ich will.«

»Nicht ganz«, korrigierte ihn die Schwiegertochter. »Da droben musst tun, was die Viecher wollen.«

»Da hast auch wieder recht. Aber mit denen komm ich schon klar.«

So zog denn der Altbauer am 23. März 1938 mit der gesamten Herde auf die Futteralm. Höchste Zeit, denn die Heuvorräte auf dem Hof gingen allmählich zur Neige. Sie reichten gerade noch für die Heimkuh, während oben in den Stadeln rund um die Hütte ausreichende Vorräte lagerten, bis die Tiere endlich nach draußen konnten.

Die nächste Heuernte fand also zum ersten Mal ohne den Gstatter-Martin statt. Jetzt war es der Maximilian, der stolz auf dem Wagen stand, das hinaufgehobene Heu entgegennahm, es gleichmäßig verteilte und festdrückte. Er war es auch, der später den Wiesbaum obenauf legte, der ihm von den Knechten hinaufgereicht wurde, ihn gründlich festkettete, wie er das von seinem Vater gelernt hatte, damit die Ladung nicht verrutschte. Nachdem das Heu von den Wiesen rund um den Moarhof eingebracht war, stieg die ganze Mannschaft wie immer hinauf zur Futteralm. Den Martin trafen sie dort allerdings nicht mehr an, der war schon längst mit seiner Herde weiter hinaufgestiegen zur Wielandseitenalm.

Die Bäuerin, die kurz zuvor ihr viertes Dirndl zur Welt gebracht hatte, wurde noch nicht bei der Heuernte eingesetzt. Davon abgesehen war im Haus ihre Anwesenheit dringend erforderlich. Sie musste schließlich für die ganze Belegschaft kochen und die Brotzeiten herrichten. Wer sonst hätte das machen sollen? Großmutter Eva lebte nicht mehr, und wir Kinder waren noch zu jung und unerfahren für eine solche Aufgabe. Außerdem gab es für uns anderes zu tun. Während Elisabeth als Kindsmagd für die Rosa daheim blieb, mussten Burgi und ich dreimal am Tag die schweren Behälter mit dem Essen zur Futteralm tragen: In der Früh um sechs, mittags um zwölf und abends um sechs bekamen die Leute jeweils eine warme Mahlzeit. Die Brotzeit für neun Uhr brachten wir gleich mit dem Frühstück hoch und die Brotzeit für den Nachmittag mit dem Mittagessen.

Nur wenn die Leute regelmäßig und gut aßen, konnten sie auch tüchtig zupacken. Zum Mittag bereitete die Walburga meist eine kräftige Suppe zu. Wenn das Wetter es mal nicht erlaubte, im Freien zu essen, drängten sich alle in der Hütte um den großen Esstisch, auf dem immer eine Tischdecke lag. Die Suppe wurde aus der Kanne in die große Suppenschüssel gekippt, die mitten auf den Tisch kam und aus der alle aßen. Die Löffel lagen an einem bestimmten Platz in der Schublade und wurden am Ende der Mahlzeit, nachdem man sie sorgfältig abgeleckt hatte, dorthin zurückgelegt. Sie waren gekennzeichnet, damit es nicht zu Verwechslungen kam. Ansonsten nahm man es mit der Hygiene damals noch nicht so genau, doch immerhin ersparte uns diese Methode viel lästige Abspülerei. War das Wetter schön, wie meist beim Heuen, so stellte die eine von uns die Suppenschüssel auf die Wiese, während die andere die Löffel aus der Tischschublade brachte. Unsere Leute legten sich dann ins Gras, mit dem Kopf in Richtung Schüssel, und löffelten eifrig im Liegen. Bevor wir wieder zum Hof zurückgingen, um die nächste Mahlzeit zu holen, mussten wir noch eine Zeit lang beim Heuwenden oder Zusammenrechen helfen – einfach faulenzen, das gab's bei uns nicht.

Wenn alle Stadel am Futterhof bis unters Dach mit Heu gefüllt waren, erwarteten uns neue Aufgaben: Wir mussten hinauf zum Altbauern, der inzwischen auf der am höchsten gelegenen unserer Hütten auf der Wildalm weilte, um ihn dort zu unterstützen. Die erste Hälfte der Sommerferien verbrachte die Burgi oben und ich die zweite. Was ich bis dahin an Sennarbeiten noch nicht konnte, das lernte ich in dieser Zeit von meinem Pflegevater. Die Melkarbeit teilten wir uns. Er molk die eine Hälfte der Kühe, ich die andere. Das waren für jeden von uns acht oder neun Kühe am Morgen und am Abend. Anschließend musste ich die Milch in die Zentrifuge geben und eifrig an der Kurbel drehen, um den Rahm von der Milch zu trennen. Auf der einen Seite lief als dicker Strahl die Magermilch heraus und auf der anderen Seite als dünner Strahl der Rahm. Der Topf mit Rahm wurde anschließend in den Keller gestellt, damit er abkühlte, denn sonst hätte er sich nicht buttern lassen. Selbst der Rahm vom Vorabend war noch zu frisch.

Zum Buttern besaßen wir zum Glück schon ein »modernes« Rührfassl, bei man eine Kurbel drehen musste, was wesentlich angenehmer war, als mit dem alten Stampffass zu arbeiten. Bei der Menge Butter, die wir herstellten – so vier bis sechs Kilo auf einmal –, hätte man sich ja zu Tode gestampft. Während ich also fleißig meine Butter rührte, machte der Altbauer Käse. In das Geheimnis der Kasherstellung wurde ich in diesem ersten Jahr auf der Alm noch nicht eingeführt – das lernte ich dann im nächsten Sommer.

Vom Alltagsleben

Manch einer mag denken, der Besitzer des Moarhofs sei ein reicher Bauer gewesen, weil er mehr als dreißig Stück Vieh im Stall hatte, denn außer den Kühen, die zu melken waren, gab es noch Kühe, die trockenstanden, und Jungtiere. Doch dieser Schein trügt. Man muss nur einmal bedenken, wie viele Menschen davon leben mussten. Allein die Großfamilie bestand meist aus zehn bis zwölf Mitgliedern. Hinzu kamen die Dienstboten, fünf oder sechs an der Zahl, und da lässt sich leicht ausrechnen, dass für den Einzelnen nicht viel blieb. Arm waren wir allerdings auch nicht gerade, aber es musste an allen Ecken und Enden gespart werden.

Dazu gehörte, dass man die Kleidung weitgehend selbst herstellte – aus der Wolle von unseren Schafen – und sie von einem Kind zum anderen weitervererbte. Ebenso die Schuhe, sofern sie ein Kind überlebten. Schuhe, die undicht waren und nicht mehr repariert werden konnten, schnitt man oben herum so weit ab, dass man einfach hineinschlüpfen konnte. Das war praktisch, wenn man schnell mal in den Stall oder auf den Hof musste – da schlüpfte man einfach in diese ausgedienten Schuhe, von denen immer einige Paare neben der Haus- und der Stalltür standen. Drinnen liefen alle meist auf Socken herum, denn Hausschuhe oder Patschn besaßen wir nicht.

Unser Essen war meist sehr einfach. Statt Brot gab es zum Frühstück eine Art Pfannkuchen, die man bei uns aber Mus nannte. Mehl und Wasser wurden zu einem ziemlich dünnen Teig verrührt, in den man eine große Prise Salz gab, damit er überhaupt Geschmack bekam. Diese Masse briet man in der Pfanne in etwas Butter aus und zerhackte sie anschließend mit dem Muaser, einem Pfannenwender also. Sobald die Pfanne mitten auf dem Tisch stand, kramte jeder seinen Löffel aus der Schublade hervor und machte sich über das Mus her.

Wie alle Bauern in Gföll waren auch wir Selbstversorger. Das heißt, außer den Wiesen, welche die Nahrung fürs Vieh lieferten, besaßen wir Felder, auf denen wir alles anbauten, was in so großer Höhe noch gedieh, vor allem Kartoffeln. Neben Weizen bildeten sie unsere Hauptnahrungsgrundlage – und die unseres Schweins. Anfang des Jahres kauften wir nämlich immer ein Jungschwein, das bis Weihnachten schön fett gefüttert und kurz vor dem Fest geschlachtet wurde. Das Fleisch und die Wurst mussten dann für ein ganzes Jahr reichen. Am ersten Weihnachtstag und zu Neujahr stand selbstverständlich immer ein frischer Schweinsbraten auf dem Tisch. Den Rest des Fleisches machten wir in irgendeiner Form haltbar, trotz fehlenden Kühl- und Gefrierschranks. Wir hatten eben andere Methoden. Das meiste an Fleisch und Würsten wurde im Rauchfang über dem Küchenherd geräuchert, und da man damals nur Holz verfeuerte, ergab das einen hervorragenden Geschmack. Anderes verarbeitete die Walburga zu Surfleisch. Das sah so aus: Das frische Fleisch legte man für eine gewisse

Zeit in eine Salzlake, sodass es konserviert wurde. Das Verfahren, Lebensmittel durch Einkochen in Gläsern haltbar zu machen, kam bei uns hingegen erst wesentlich später auf.

Es lässt sich denken, dass unter diesen Gegebenheiten Fleisch bei uns eher selten war. Wie sollte sonst ein einziges Schwein für fünfzehn oder mehr Personen ein ganzes Jahr lang reichen? Daher ist es nicht verwunderlich, wenn so mancher Familienvater auf die Idee kam, mit einer Büchse im Wald umherzustreifen, um den Speisezettel der Familie aufzubessern. Selbst ich wurde bereits als siebenjähriges Mädchen in die Praxis des Wilderns eingeführt. Der Gstatter-Max, der bereits so manchen erfolgreichen Beutezug hinter sich hatte, weckte mich damals eines Sonntagmorgens ganz früh: »Du, Anna, heut darfst mit in den Wald.«

Dass es sich nicht um einen Spaziergang handelte, war mir sofort klar, denn mein Ziehvater hatte seine übliche Wildererkleidung an. Schlaftrunken folgte ich ihm in die Küche, wo seine Büchse schon bereitlag. Während ich mich dort anzog, erklärte er mir: »Heut darfst dem Vater helfen.«

Das erfüllte mich mit großem Stolz, auch wenn ich keine Ahnung hatte, was von mir erwartet wurde. »Vater, was könnt ich dir schon helfen?«, wagte ich deshalb zu fragen.

»Im Wald musst mir das Wild vor die Büchse treiben.«

Darunter konnte ich mir zwar nichts Genaues vorstellen, aber ich genoss es, dass er mir so viel Vertrauen schenkte. Zudem war ich felsenfest davon überzeugt, dass alles, was er tat, schon recht sein würde. Daher war ich sehr bemüht, seinen Anordnungen genau zu folgen.

Als wir im Schutze der Dunkelheit das Haus verließen, marschierte ich schweigend hinter dem Vater her. Es war Ende September. Raureif lag auf den Wiesen, die ganz grau aussahen, und unsere Schuhe hinterließen deutliche Spuren.

Kurz bevor wir den Wald erreichten, flüsterte der Vater mir seine Anweisungen zu: »Schau, Dirndl, da vorn das Dickicht, da musst durchgehen und mir das Wild vor die Büchse scheuchen.«

»Weißt denn gewiss, ob eins drin ist?«, erkundigte ich mich vorsorglich.

»Nein, gewiss weiß ich's net. Aber das Gebüsch sieht nach einem guten Versteck für eine Stuck aus.« So nannte man bei uns eine Hirschkuh.

»Wir müssen's probieren«, sagte der Vater und erklärte mir genau, was ich zu tun hatte. »Ich geh jetzt in großem Bogen um das Dickicht herum und leg mich an dessen Ende mit dem Gewehr auf die Lauer. Du zählst derweil langsam bis hundert, bevor du ins Unterholz gehst und mir die Stuck zutreibst. Sobald sie rauskommt, schieß ich.«

Weil ich bereits wusste, wie groß so ein Tier war, stiegen ernste Bedenken in mir auf: »Vater, was ist aber, wenn die Stuck in meine Richtung rennt?«

»Da brauchst keine Angst zu haben, Dirndl, die flüchtet nie in die Richtung, aus der sie eine Gefahr wittert.«

»Woran merkt sie, dass ich eine Gefahr bin?«

»Weil du nach Mensch riechst.«

»Aber du riechst doch auch nach Mensch. Da könnt es doch leicht sein, dass sie vor dir flüchtet und genau in meine Richtung rennt.«

»Du bist ja ganz schön gescheit, Dirndl. Aber keine Angst. Das hab ich schon bedacht. Du stehst so, dass der Wind deine Witterung zu ihr trägt, und ich steh so, dass er meine Witterung von ihr wegträgt.«

Nachdem ich in diesem Punkt beruhigt war, blieb eine weitere zaghafte Frage: »Vater, aber wenn ich komm, dann schießt net?«

»Nein, Dirndl, ganz gewiss nicht, da brauchst keine Angst zu haben.«

Trotz dieser Versicherung bumperte mir das Herz gewaltig, als er sich immer weiter von mir entfernte. Und als ihn die Bäume und Sträucher gar verschluckt zu haben schienen, kam ich mir ausgesprochen verloren vor in dem großen, finsteren Wald, und Tränen traten mir in die Augen. Geh her, du bist doch kein kleines Kind mehr, das Angst im Wald hat, redete ich mir Mut zu und marschierte, nachdem ich gewissenhaft bis hundert gezählt hatte, geradewegs in das dichte Gestrüpp hinein, in dem sich ein erwachsener Mensch bestimmt schwergetan hätte. Denn obwohl ich recht klein war und mich außerdem bückte, zupfte es hier und kratzte da, und einige Male blieb ich sogar hängen, doch tapfer kämpfte ich mich durch. Weil ich mich jedoch auf die Sache mit der Witterung nicht allein verlassen wollte, gab ich geräuschvolle Scheuchlaute von mir. Aber es rührte sich absolut nichts.

Nachdem ich mich durch das Dickicht fast durchgekämpft hatte, sah ich durch die letzten Sträucher meinen Vater mit dem Gewehr im Anschlag. Da er immer noch auf die Stuck zu warten schien, rief ich vorsichtshalber: »Vater, jetzt komm ich!«

Nie werde ich den enttäuschten Ausdruck auf seinem Gesicht vergessen, als er das Gewehr sinken ließ. »Pech gehabt«, murmelte er, »dabei war ich mir so sicher. Es wär doch das ideale Versteck gewesen.«

Ich war ebenfalls betrübt, sah ich es doch als meine persönliche Niederlage an, dass ich ihm nicht zu seinem Jagdglück verhelfen konnte. Unter Tränen beteuerte ich mehrmals: »In dem Gebüsch war wirklich keine Stuck.«

»Ist schon gut, Dirndl«, tröstete er mich auf dem Heimweg. »Das war net dein Fehler. Vielleicht hab ich das nächste Mal mehr Glück.«

Dass ich über das Geschehene strengstes Stillschweigen zu wahren hatte, war mir klar, das brauchte mir niemand extra zu sagen. Bei uns galt es als ungeschriebenes Gesetz, dass übers Wildern nicht gesprochen wurde.

Zunächst war es also nichts mit einer zusätzlichen Fleischportion. Wir aßen, was auch sonst auf den Tisch kam: neben Kartoffeln hauptsächlich Mehlspeisen, denn der Weizen gedieh bei uns ziemlich gut. Roggen hingegen gar nicht, weshalb wir, um anständiges, deftiges Brot zu backen, immer einen Teil des Weizens beim Müller eins zu eins gegen Roggen eintauschten. Desgleichen brauchten wir Gerste, die – in einer speziellen Pfanne gebrannt – unseren Kaffeeersatz bildete. Damit dieses Gebräu wenigstens andeutungsweise nach Kaffee schmeckte, wurde ihm gelegentlich – auch das schon ein kleiner Luxus

– etwas Zichorie zugesetzt. Die musste man ebenso beim Kramer kaufen wie Zucker, Hefe, Rosinen, Salz oder Gewürze. Weil wir aber für solche Artikel kein Geld hatten, tauschten wir sie gegen Butter und Eier ein. Mit der Folge, dass wir, obwohl wir meist zwölf bis fünfzehn Hühner hielten, kaum ein Ei auf unserem Tisch zu sehen bekamen.

Beim Haus gab es außerdem einen kleinen Nutzgarten, in dem außer Kräutern auch Gemüse wuchs, das heißt, eigentlich nur Blaukraut und Weißkraut. Von Letzterem machten wir Sauerkraut. Gelegentlich wuchsen auch ein paar Radi oder ein paar Köpfe Salat. Möhren und Tomaten lernte ich erst kennen, als ich schon über zwanzig Jahre alt war. Im Garten standen ebenfalls einige knorrige Bäume, die schon seit Jahrhunderten Wind und Wetter trotzten. Sie lieferten uns Äpfel, Birnen und Zwetschken, die gedörrt und oder zu Mus verkocht wurden. Eine Besonderheit stellte unser Baum mit Kriecherln dar – Früchten, die im September reif werden und die Größe und Form von Mirabellen, aber die Farbe von Zwetschken haben, jedoch saftiger und säuerlicher als diese sind. Weil sich die Kriecherln nicht lagern ließen, aßen wir sie gleich frisch beziehungsweise verarbeiteten sie zu Marmelade und Saft. Auch unsere Birnen waren ungedörrt nur begrenzt haltbar, während unsere Äpfel von so robuster Beschaffenheit waren, dass sie leicht bis Ostern gehalten hätten, doch wir machten ihnen immer schon vorher den Garaus.

Einen Baum mit Kletzenbirnen besaßen wir ebenfalls. Die schmecken so streng, dass man sie nicht roh essen konnte, doch in getrocknetem Zustand waren sie wunderbar. So durfte das köstliche Kletzenbrot an Weihnachten auf keinem Gabentisch fehlen. Was es in unserem Obstgarten nicht gab, waren Beeren- sträucher. Wozu auch? Im Wald wuchsen die herr- lichsten Himbeeren, Brombeeren und Heidelbeeren, von denen man sich im Sommer nur zu bedienen brauchte. Aber wir stopften sie nicht nur fleißig in unsere Münder, sondern auch in unsere verbeulten Milchkannen. Je mehr wir heimbrachten, desto mehr Marmelade kochte die Mutter. Und die liebten wir, weil es ja andere Süßigkeiten kaum gab.

Wir waren jedoch nicht nur Selbstversorger hin- sichtlich unserer Nahrungsmittel, sondern auch was unsere Kleidung und Wäsche betraf, und das beschränkte sich nicht auf die Wolle unserer Schafe. Wir bauten Flachs an für Leintücher und Handtü- cher, Männerhemden und Unterwäsche. Aus Hanf stellten wir Rupfen für grobe Tücher, Röcke und Säcke her. Allerdings war es vom Anpflanzen bis zur Gewinnung der Rohfaser ein langer und anstrengen- der Weg. Und danach folgten noch etliche zeitauf- wändige Arbeitsgänge, bis man ein Kleidungsstück fertig hatte.

An den langen Winterabenden saßen wir regelmä- ßig in der Stube beisammen und gingen den verschie- densten Arbeiten nach. Während die Mannerleut Holzarbeiten erledigten – für die nächste Heuernte mussten Rechen und Gabeln repariert werden, und für die Dächer brauchte man ständig neue Schin- deln –, waren die Weiberleut mit Spinnen beschäftigt. Sowohl Flachs als auch Hanf und Wolle mussten zu Fäden versponnen werden, damit man sie verweben oder verstricken konnte. Zum Weben kam einmal im Jahr ein Weber ins Haus, meist Ende Januar für etwa drei bis vier Wochen. Dann wurde der Webstuhl, der das ganze Jahr über zusammengelegt auf dem Dachboden lag, heruntergeholt und zwischen den beiden Fenstern in der Stubenecke aufgebaut, wo sonst der Tisch stand. Für den Jakob, so hieß der Mann, war es nämlich wichtig, bei seiner Arbeit gutes Licht zu haben. Sobald es dämmrig wurde, musste er mit dem Weben aufhören. Er hockte dann am Abend mit uns zusammen und schaute uns zu, wie wir Socken, Strümpfe, Mützen, Joppen und Wickelgamaschen strickten. Er war einer, der nicht viel redete, aber gern zuhörte. Wenn er bei uns war, schlief er in der »guten« Kammer, wo wir gelegentlich auch zahlende Gäste unterbrachten. Zweimal am Tag den Weg nach oder von Unken zu machen, das hätte sich nicht gelohnt.

Spinnstubengeschichten

Eine ganz wichtige winterliche Beschäftigung war
das Spinnen.. Im Haus gab es sechs oder sieben
Spinnräder, die den ganzen Sommer über auf dem
Dachboden lagerten. Wenn sie im November heruntergeholt wurden und wir Mädchen sie abstauben
mussten, dann freute ich mich schon. Jetzt wird es
gemütlich, dachte ich, jetzt erfährst wieder allerhand
Neues, was sich im Umkreis ereignet hat, oder hörst
interessante Geschichten von früher.

Während nämlich die Schindelbank klapperte,
die Spinnräder schnurrten, das Feuer im Kachel-
ofen knisterte und vielleicht der Duft von Bratäpfeln
durch den Raum zog, begannen die Erwachsenen zu
erzählen. Da jeder von ihnen den Tag über bei der
Arbeit wenig Gelegenheit zum Sprechen hatte, war
das Redebedürfnis am Abend umso größer. Und für
uns Kinder gab es nichts Schöneres, als aufmerksam
zuzuhören. Allerdings saßen wir nicht untätig dabei,
sondern erledigten bereits allerlei Handarbeiten.
Mit fünf Jahren lernte man normalerweise das Stricken, zuerst an einem Probelappen, dann an einem
Schal oder an Wickelgamaschen. Letztere waren bei
uns sehr wichtig, um die Beine oberhalb der Schuhe
wenigstens einigermaßen vor Schnee zu schützen.
Damit sie nicht nach oben rutschten, wurden sie mit
einem Haken in die Schuhbandel eingehängt.

Anfangs ging es in den Gesprächen der Erwachsenen meist um das Wetter und um die Arbeitseinteilung, was uns nicht sonderlich interessierte. Dennoch lernten wir eine Menge dabei – zum Beispiel über Anzeichen in der Natur, die uns die Wetterentwicklung verrieten, oder was zu welcher Zeit eingesät oder geerntet werden musste.

Je weiter der Abend jedoch vorrückte, desto interessanter wurden die Erzählungen. Sobald es um Unglücke und Katastrophen ging, sperrten wir Mund und Ohren weit auf, damit uns nur ja kein Wort entging. Wenn unsere Leute gar mit gedämpfter Stimme über Wilddiebe und Schmuggler, über Sennerinnen und ledige Kinder sprachen, wurden unsere Ohrwascheln immer größer und unsere Hände immer langsamer. Was aber niemandem auffiel, denn auch die Erwachsenen hörten ebenso atemlos zu wie wir. Manche Geschichten fanden wir so aufregend, dass wir hernach nicht gleich einschlafen konnten. Wenn die Burgi und ich uns wohlig in unsere Betten mit dem warmen Ziegelstein verkrochen, diskutierten wir noch lange über das soeben Gehörte – besonders natürlich, wenn wir nicht alles verstanden hatten. Einige der Spinnstubengeschichten wurden jedes Jahr aufs Neue erzählt und haben sich mir deshalb besonders gut eingeprägt.

Vom Pech verfolgt

Zum Glück kam es nicht oft vor, dass eine Familie so viel Pech hatte wie beim Wildegger. Es muss um das Jahr 1920 gewesen sein, so erzählte man, also etwa zehn Jahre vor meiner Geburt, als sich eines

Sonntagsmorgens der Schreckensruf von Haus zu Haus verbreitete: »Es brennt! Es brennt!«

»Wo? Wo?«, rief man aufgeregt.

»Beim Wildegger«, lautete die knappe Antwort. Und schon stürzte alles, was Beine hatte, aus dem Haus, die meisten mit ein oder zwei Kübeln bewaffnet, und rannte in die Richtung, in der alle anderen liefen. Von Weitem schon sahen sie den aufsteigenden Qualm, und beim Näherkommen entdeckte man erste Flammen, die bereits aus dem Dach züngelten. Da das Haus, wie früher üblich, weitgehend aus Holz bestand, hatte das Feuer leichtes Spiel. Es war Herbst und die Scheune voll mit Heu und Stroh, im oberen Hausgang lagerten zudem die Säcke mit dem Getreide, ein gefundenes Fressen für die Flammen. Wie besessen kämpften alle dagegen an. Einige der Männer schöpften Kübel um Kübel aus dem Brunnentrog und reichten sie in einer Kette weiter, in die sich auch die Frauen eingereiht hatten.

An vorderster Front kämpften die beherztesten Männer, kippten mit Schwung das Wasser in die Glut, aber so sehr sich auch einsetzten, alle Mühe blieb vergebens. Völlig erschöpft brach man angesichts der Aussichtslosigkeit des Unterfangens alle Löschversuche schließlich ab. Ohnmächtig schaute man zu, wie die Flammen alles fraßen, was sich ihnen bot. Als das Gebäude schließlich in sich zusammenstürzte und die Flammen wieder kleiner wurden, weil ihnen die Nahrung allmählich ausging, standen von dem einst so stattlichen Hof, der den Stürmen etlicher Jahrhunderte getrotzt hatte, nur noch die Küche und der Kamin, die einzigen aus

Stein erbauten Gebäudeteile. Als die alte Bäuerin sah, wie wenig von ihrem Hof übrig geblieben war, ergriff sie eine solche Verzweiflung, dass sie sich in die noch schwelende Glut stürzen wollte. Nur mit Mühe konnten ihr Sohn und ihre Schwiegertochter sie zurückhalten.

Auch wenn der Sachschaden für die Familie ungeheuer groß war, so hatte man zumindest keine Menschenleben zu beklagen. Der Bauer und seine Frau sowie die alte Mutter und der Enkel waren dem Inferno mit knapper Not entkommen, genauso die Dienstboten. Leider hatte man die Heimkuh und das Schwein nicht mehr ins Freie bringen können – die anderen Tiere befanden sich eh mit der Zenzi, der einzigen Tochter des Hauses, auf der Futteralm, wo zunächst auch die Bauersleute Zuflucht suchten. Viele hatten sich angeboten, jemanden von der Familie aufzunehmen, doch dann wären sie getrennt worden, während sie auf der Alm zumindest zusammenbleiben konnten. Die Dienstboten allerdings mussten sich nach neuen Stellen umsehen.

Der Winter wurde hart für die Menschen vom Wildeggerhof, und die alte Frau erlebte das Frühjahr nicht mehr. Nachdem sie begraben war, zog der Wildegger mit seiner Frau in die Stadt, wo er eine Stelle als Hilfsarbeiter annahm. Den Hof wollte er nicht wiederaufbauen. Zu viele schmerzliche Erinnerungen seien damit verbunden, sagte er. Zudem waren zwei seiner Söhne im Ersten Weltkrieg gefallen, und der dritte war ein Jahr vor dem Brand bei einem Lawinenunglück ums Leben gekommen. Der Bauer überschrieb also das ganze Sach der Zenzi, seiner einzigen Tochter, die mittlerweile die dreißig überschritten hatte. Was sie damit anfangen würde, war ihm gleichgültig.

Wilde Gerüchte über die Brandursache kursierten sowohl in den Häusern der Bergbewohner als auch in Unken. Jeder rätselte herum, wie es zu dem Feuer hatte kommen können. Blitzschlag sagten die einen, doch das war blanker Unsinn. Erstens gab es um diese Jahreszeit so gut wie keine Gewitter, und zweitens hatte niemand in Gföll etwas von Donner oder Blitz mitgekriegt. Vielleicht sei eine Petroleumlampe im Stall umgefallen, vermuteten andere. Aber auch das schien wenig stichhaltig, denn in diesem Fall wäre der Bauer ja nahe genug bei seinen Tieren gewesen, um sie zu retten. Wieder andere äußerten die Ansicht, der neunjährige Schorschi, der ledige Sohn der Wildeggertochter, habe mit Streichhölzern gezündelt, oder sie spekulierten, bei dem Brand handele es sich um den Racheakt eines verschmähten Liebhabers der Zenzi. Es wurden sogar Stimmen laut, der Wildegger selber sei der Brandstifter. Das ließ sich jedoch schnell widerlegen durch die Tatsache, dass der Hof gar nicht versichert war. Und wenn keine Entschädigung in Aussicht stand, machte ein Brand keinen Sinn.

Am wahrscheinlichsten schien noch ein Kaminbrand oder dass die über dem Herd aufgehängte Wäsche Feuer gefangen hatte. Da außer dem Bauern niemand zu Schaden gekommen war, machte man sich behördlicherseits keine Mühe, der wahren Ursache des Brandes auf den Grund zu gehen, zumal es damals keine wirklich verlässlichen Untersuchungsmethoden gab, und so bot der rätselhafte Brand seinerzeit noch jahrelang in den Spinnstuben Anlass zu Spekulationen.

Die Zenzi jedenfalls hat sich nicht unterkriegen lassen. Sie heiratete endlich den Vater ihres Buben, und gemeinsam schafften sie es, unter Mithilfe der ganzen Nachbarschaft, den Hof wiederaufzubauen, und der Barthl, bisher ein fleißiger Holzknecht, wurde nun ein tüchtiger Bauer.

Die Magd Toni

Auch diese Geschichte ereignete sich um das Jahr 1920. Die Toni stand schon seit vielen Jahren im Dienste des Lederer. Sie war eine unscheinbare, aber fleißige und nicht mehr ganz junge Person. Deshalb reagierte ein jeder überrascht, als sie sich eines Tages in nicht mehr zu übersehenden anderen Umständen befand. Allen neugierigen Fragen nach dem Vater des Kindes wich sie geschickt aus und verrichtete weiterhin gewissenhaft ihre Arbeit, sodass niemand an ihrem Zustand Anstoß nahm, nicht einmal die Bäuerin.

An einem kalten Dezembermorgen, als Familie und Dienstboten nach der Stallarbeit um den Küchentisch saßen, um sich von der Toni, die am Herd hantierte, das Frühstück servieren zu lassen, flachste einer der Knechte: »Wie schaut's aus, Toni? Jetzt müsst dein Bankert doch bald kommen. Oder willst so lange warten, dass es ein Christkindl wird?«

»Das geht dich eigentlich nix an«, konterte sie. »Das ist allein meine Sache. Aber damit ihr's alle wisst: Das Kind ist heut Nacht auf die Welt gekommen.«

»Du willst uns wohl auf den Arm nehmen?«, fragte der Großknecht, während ein ungläubiges Staunen und Raunen durch den Raum ging. Deshalb tat die Toni etwas, um allen einen Beweis zu liefern, und strich mit beiden Händen an ihrer weiten Kittelschürze herunter. »Da, seht ihr noch einen Bauch? Alles platt.«

Platt waren daraufhin auch alle anderen. Wie war so etwas möglich? Wie konnte eine Frauensperson ganz allein ein Kind gebären? Wieso war sie schon wieder in der Lage, ihrer Arbeit nachzugehen? Normalerweise machten die Weiberleut doch einen Mordsaufstand bei der Niederkunft, dachten die Männer. Da musste nach der Hebamme geschickt werden, selbst mitten in der Nacht. Unmengen von heißem Wasser wurden gebraucht, eine zweite Weibsperson assistierte bei der Entbindung, und manchmal rief man gar den Doktor. Und die Toni wollte nun alles allein bewältigt haben.

»Lebt das Kind?«, fragte die Bäuerin schließlich mitfühlend.

»Gewiss lebt's. Es liegt oben in meiner Kammer.«

Es mutete allen wie ein Wunder an, dass diese unscheinbare Dirn ihr Kind völlig allein zur Welt gebracht hatte. Sie hatte es selbst abgenabelt, sie hatte die Nachgeburt in einer Schüssel aufgefangen und im Scheißhäusl entsorgt. Ja, und während die anderen Mütter tagelang im Wochenbett lagen, ging die Toni gleich wieder ihrer Arbeit nach, als ob nichts gewesen wäre. Daran sollten sich die anderen Weiber mal ein Beispiel nehmen, lautete die einhellige Meinung der Mannerleut.

Ihre Kenntnisse in Sachen Geburtshilfe hatte die Toni sich dadurch erworben, dass sie der Hebamme öfter zur Hand gegangen war, wenn ihre Bäuerin ein Kind bekam. Dass sie aber die Courage besaß, das Gelernte bei sich selbst anzuwenden, das versetzte alle Anwesenden in Erstaunen. Die Bäuerin zeigte sich aufgrund dieser Enthüllungen recht großzügig, indem sie der Toni einige freie Tage fürs Wochenbett zugestand. Das Kind wurde auf den Namen Josefa getauft und später Sefa gerufen. Noch heute rätselt man, ob dieser Name vielleicht einen Hinweis auf den Kindsvater enthielt, denn dieses Geheimnis hat die Toni mit ins Grab genommen.

Die kleine Sefa wuchs mit den Kindern des Bauern auf, zog eine Weile für den Lederer auf die Alm und soll später in der Stadt eine Arbeit angenommen haben. Lange Zeit aber hieß es in Gföll, wenn eine werdende Mutter nach der Hebamme schickte: »Die Hebamme können wir uns grad sparen, die Toni hat's ja auch ohne gekonnt.«

Die verschwundene Kuh
Geschichten über Tiere fesselten uns genauso wie solche über Menschen. Dazu gehörte auch ein Erlebnis unserer alten Sennerin Lisl, das sie immer wieder erzählte. »Es war noch bei dem alten Bauern Posch, dem Vater von der Anna. Einige Jahre bevor der große Krieg ausbrach, war ich mit meinen Tieren auf der Wildalm. Der 30. August, das weiß ich noch ganz genau, war ein schöner, sonniger Tag, sodass kein Mensch daran dachte, die Viecher schon auf die Wielandseitenalm hinunterzubringen. Ihr wisst ja selbst,

dass man das erst zwischen dem 3. und dem 10. September macht.

Da wach ich am nächsten Morgen früher auf als gewöhnlich, weil meine Kühe brüllend vorm Stall stehen. Was hat das zu bedeuten, frag ich mich und schau aus dem Fenster. Und was seh ich? Über dreißig Zentimeter Schnee hatte es in der Nacht heruntergehauen. Natürlich bin ich sofort raus und hab die Tiere in den Stall gelassen. Wie ich sie aber ankette, merk ich, dass ein Platz leer bleibt. Vielleicht hat die Kuh sich verlaufen, denk ich, denn so was kommt ja immer wieder mal vor. Aber bei dem hohen Schnee konnt ich schlecht zu suchen beginnen und allein schon gar nicht. Jetzt melkst du erst mal deine Kühe und machst deinen Kas, dacht ich mir, und wartest, ob die Kuh bis dahin nicht von selbst zurückkommt. Wenn nicht, kannst immer noch ein paar Sennerinnen zusammentrommeln und dich mit denen auf die Suche machen. Vielleicht ist der Schnee bis dahin auch ein bisschen zusammengesackt.

So war es dann auch. Gegen Mittag kam sogar die Sonne heraus und leckte eifrig den Schnee weg. Mit drei Kolleginnen hab ich dann die ganze Alm abgesucht. Wir riefen und lockten, aber keine Spur von meiner Kuh. Nach Stunden endlich – ich wollte schon aufgeben – erspähte eine der Sennerinnen etwas Braunes tief unten am Steilhang. Kein Zweifel, das war meine vermisste Kuh. Reglos lag sie da. Sie muss im Schnee ausgerutscht und abgestürzt sein. Tun konnten wir nichts. Traurig kehrten wir alle in unsere Hütten zurück. Auch wenn es nicht eine Kuh der eigenen Herde trifft, nimmt man immer Anteil.«

Die schlauen Kühe

Auch von einem Erlebnis, das meine Ziehmutter Anna in jungen Jahren hatte, wurde immer wieder gesprochen.

Es war zur Winterszeit, wenn alle Kühe im heimischen Stall standen, aber jeden Morgen und jeden Abend herausgelassen wurden, damit sie zur Tränke gingen, die sich etwa fünf Minuten vom Haus entfernt befand. Das klappte immer einwandfrei – selbst bei hohem Schnee trampelten sie sich ihren Weg. Wenn sie genug getrunken hatten, kehrten sie freiwillig um, trotteten zum Stall zurück und stellten sich auf ihren angestammten Platz.

Nur einmal, da gab es Probleme. Am Abend ließ die Anna die Kühe wie immer ins Freie und folgte ihnen zum Brunnentrog, als sie plötzlich auf halbem Weg stehen blieben. Es half nichts. Weder durch Schieben noch durch gute Worte oder durch Schimpfen waren die Tiere zum Weitergehen zu bewegen. Sogar den Stecken benutzte die Anna vergeblich. Sie konnte gerade noch zur Seite springen, als die Kühe eine Kehrtwende machten und im Eiltempo zum Stall zurückstrebten.

»Blöde Rindviecher, saublöde«, schimpfte die Bäuerin hinter ihnen her. »Wenn ihr nicht saufen wollt, dann lasst es halt bleiben.«

Kaum waren alle Tiere im Stall – die Tür stand noch offen – , hörte die Anna ein Rumpeln hinter sich. Erschrocken wandte sie sich um und glaubte ihren Augen nicht zu trauen. Nicht weit von ihr entfernt donnerte eine Lawine zu Tal, genau zwischen Stall und Brunnentrog. Bei diesem Schauspiel blieb ihr fast das Herz stehen. Mein Gott, dachte sie, wenn die Kühe nicht rechtzeitig umgekehrt wären, hätte es mich mitsamt den Viechern in die Tiefe gerissen.

»Nicht die Kühe waren blöd«, gestand sie am Abend ihrer Familie, »sondern ich, weil ich nicht kapiert hab, dass sich die Tiere nicht ohne Grund ungewöhnlich verhielten.«

Der Sommerfrischler

Folgende Geschichte stammt aus dem Erinnerungsschatz meines alten Pflegevaters, des Gstatter-Martin, der für gewöhnlich nicht viel zur allgemeinen Unterhaltung beitrug.

»Diese Begebenheit ereignete sich vor einigen Jahren«, fing er an. »Sepp, der Enkel vom alten Scheidegger, hat sie mir erzählt. Demnach ist der alte Scheidegger, nachdem er seinem Sohn, dem mittleren Sepp, sein Sach übergeben hatte, so wie ich noch für einige Jahre auf die Alm gegangen. In den letzten Jahren nahm er in den Sommerferien immer seinen Enkel, den jüngsten Sepp, mit. Einerseits, weil er eine Hilfe ganz gut brauchen konnte, andererseits wollte er den Buben beizeiten anlernen.

Eines schönen Tages saß der alte Sepp wieder mal auf der Bank vor seiner Hütte und dengelte die Sense. Der kleine Sepp, er muss zu der Zeit etwa zwölf gewesen sein, saß neben ihm und schaute ihm genau auf die Finger, weil er von ihm lernen wollte, als plötzlich ein älterer Wanderer vor ihnen stand. Trotz seines Huts, seiner brandneuen Lederhose und seiner Wadlstrümpf' war er sofort als Urlaubsgast zu erkennen. Oder vielleicht gerade deshalb, denn so herausgeputzt würde kein Einheimischer in den Bergen herumsteigen. Außerdem hatte er ein Fernglas um den Hals hängen.

›Grüß Gott, beieinander!‹, rief er den beiden fröhlich zu, worauf der Alte nur ein Knurren vernehmen ließ und sich nicht mal die Mühe machte, von seiner Arbeit aufzuschauen. Um mit dem Senn ins Gespräch zu kommen, fiel dem Fremden nichts Gescheiteres ein, als die Aussicht zu loben: ›Schöne Gegend haben Sie hier! Unglaublich tolle Kulisse.‹

›Was hat er gsagt?‹, wollte der alte Sepp vom jungen wissen. Ob es an seinem nachlassenden Gehör lag oder am Hochdeutsch des Wandersmanns – wer weiß.

›Er meint, dass es schön ist bei uns heroben‹, dolmetschte der Bub dem Großvater, doch der dengelte kommentarlos weiter. Als der Sommerfrischler daraufhin die Almhütte genauer in Augenschein nahm, leuchtete in seinem Gesicht plötzlich der Schein des Wiedererkennens auf. ›Mich deucht, vor vielen Jahren war ich bereits einmal an diesem herrlichen Fleckchen Erde. Damals wohnte eine flotte Sennerin in dieser Hütte. Ich glaube, Zenzi hat sie geheißen – hatte ein kleines Techtelmechtel mit ihr.‹

›Was hat er gsagt?‹, fragte der alte Sepp erneut.

›Er sagt, die Großmutter hat er auch kennt‹, übersetzte treuherzig der Enkel.«

Ein schallendes Gelächter erhob sich in unserer Stube. Wir Kinder schauten verdutzt drein. Ich konnte mir nicht erklären, was es da zu lachen gab. Und die Burgi auch nicht, wie sie mir später in der Kammer gestand.

Geburt auf der Wildalm

Es war am späten Vormittag des 3. September 1930. Auf der Wildalm war die Vroni, die Tochter vom Hintereggerbauern, gerade mit Kasmachen fertig, als sie ein leichtes Ziehen im Kreuz spürte. »Maria und Josef«, seufzte sie auf. »Es wird doch net schon losgehen.«

Sie begann an ihren Fingern abzuzählen und kam zu dem Ergebnis, dass es keine acht Monate her seien, seit der Hans bei ihr zum Kammerfensterln gekommen war. Demnach müsste sie noch gut und gerne sechs bis sieben Wochen Zeit haben.

Genauso plötzlich, wie er gekommen war, verschwand der Schmerz wieder. »Gott sei Dank«, atmete sie auf, »das war nur blinder Alarm«, und fuhr unbekümmert fort, alles für den Umzug auf die tiefer gelegene Alm vorzubereiten. Fein säuberlich spülte sie sämtliche Gerätschaften, damit für den Abtransport alles blitzblank war. Auch die Feuerstelle, die inzwischen erloschen war, musste gereinigt werden. In dem Moment aber kamen wie aus heiterem Himmel die Schmerzen zurück, und zwar stärker als zuvor. »O mein Gott, steh mir bei«, schickte sie ein Stoßgebet zum Himmel. »Es ist doch viel zu früh.« Nachdem auch diese Wehe überstanden war, packte sie ihre Kleidung zusammen und legte sie in einen Henkelkorb. Dann zog sie das Leintuch ab und schnürte es mit Federbett und Kopfkissen zu einem Bündel zusammen.

Schon war er wieder da, dieser ziehende Schmerz, aber viel heftiger als die beiden ersten Male. »Alle Heiligen, steht mir bei und lasst mir noch ein bisschen

Zeit«, sandte sie einen verzweifelten Seufzer nach oben und setzte nach Abklingen dieser Wehe unbeirrt ihre Aufräumarbeiten fort. Schließlich musste alles in Ordnung gebracht werden, weil für die nächsten zehn Monate niemand mehr auf diese Alm kommen würde. Sie nahm den Besen, kehrte die Schlafkammer aus und die Stube und zuletzt die Küche. Und dann war die nächste Wehe da. Die Vroni setzte sich auf die Bank, hielt sich den Bauch und jammerte laut vor sich hin, bis es wieder vorbei war. Sie fasste einen Entschluss, packte ihr Bettzeug wieder aus, breitete das Leintuch über den Strohsack, schüttelte die Kissen auf und legte sich hinein. »Es hilft alles nichts«, murmelte sie vor sich hin, »wenn das Kind jetzt schon kommen will, dann wenigstens im Bett, wie sich das gehört.«

Es folgten noch zwei oder drei starke Wehen, dann war es da, das winzige Kerlchen, das mit einem lauten Schrei sein Recht auf Leben anmeldete. Da sich die junge, unerfahrene Sennerin nicht zu helfen wusste, ließ sie das Neugeborene einfach zwischen ihren Oberschenkeln liegen, breitete nur sorgfältig ein sauberes Handtuch darüber, das sie vorsorglich griffbereit hingelegt hatte, und zog das Federbett so darüber, dass der Kleine genug Luft bekam. Trotz dieser außergewöhnlichen Situation blieb sie ganz ruhig. Sie wusste ja, dass Hilfe nah war, denn bald würden einige ihrer Leute eintreffen, die ihr helfen wollten, die Kühe hinunter zur Wielandseitenalm zu bringen.

Aber das waren ja lauter Mannsbilder, kam ihr plötzlich in den Sinn. Ob die ihr wirklich helfen konnten? Na ja, zumindest würde jemand gleich losgehen, um eine Frau heraufzuholen. Diesen beruhigenden Gedanken hatte sie kaum zu Ende gedacht, da rumpelte ihr Vater, der Hinteregger-Hiasl, mit zwei Knechten in die Stube hinein. Weil die Tür zu ihrer Kammer offen stand, fiel der Blick der Männer gleich auf das Bett. Während sich die Knechte diskret nach draußen verzogen, trat der Vater näher und polterte gleich los: »Ja, Vroni, bist noch gescheit? Am helllichten Mittag liegst im Bett herum! Dass dich net schamst! Hast vergessen, dass wir heut die Kühe obatreiben wollen?«

»Naa, Vater, vergessen nicht. Ich hab sogar schon alles vorbereitet. Aber dann ist mir was dazwischengekommen.«

Vorsichtig schlug sie das Deckbett zurück. »Da schau her, dein erster Enkel.« Bei dem blutigen Etwas, das der Bauer zu sehen bekam, verschlug es dem gestandenen Mannsbild für einige Sekunden die Sprache. Sein Gesicht wurde blass. Halt suchend griff er nach dem Bettpfosten und ließ sich aufstöhnend auf die Bettkante fallen.

»Maria und Josef«, brachte er schließlich heraus. »Hast das Kind etwa ganz allein zur Welt gebracht?«

»Freilich. Es war ja niemand da.«

»Respekt, Respekt«, musste der Vater zugeben, schob aber gleich lauernd nach: »Und einen Kindsvater gibt's gewiss auch?«

»Freilich, der Brandner-Hans ist es«, antwortete sie nicht ohne Stolz.

»Der Brandner-Hans! Da schau her! Da hast dir wenigstens was Gescheites ausgesucht. Der übernimmt mal das Sach daheim. Die Frage ist nur, ob er dich auch heiraten will.«

»Das will er schon, hat er gesagt.«

»Wenn er das versprochen hat, dann wird er's auch tun. Er ist keiner von denen, die nur Sprüch machen. Aber was tun wir jetzt?«

»Das wollt ich von dir wissen. Ich weiß mir net weiterzuhelfen.«

»Ja, mei, wenn die Mutter hier wär! Aber bis wir die hier heroben haben – das dauert zu lang. Außerdem kannst eh nicht bleiben. Das Gescheiteste wird sein, wir schaffen dich hinunter. Moment!« Mit diesen Worten verschwand er nach draußen, um den Knechten den Sachverhalt zu schildern und ihnen den Auftrag zu geben, eine Trage zu bauen.

»Wie sollen wir denn das machen, Bauer?«, fragte der eine.

»Schaut's nach im Stadl. Ein paar Stangen oder Brettl werdet's schon finden und ein paar Säcke dazu.«

Schon war der Hiasl wieder bei seiner Tochter, die ihn bereits jammernd empfing: »Du Vater, ich hab schon wieder Wehen. Meinst, dass da noch eines kommt?«

»Naa, das wird wie bei einer Kuh sein – das ist die Nachgeburt.«

Mit gebärenden Kühen kannte er sich schließlich aus. Er fühlte sich als Herr der Lage und fing gekonnt die Nachgeburt in einer Schüssel auf. Unsicher wurde er nur, weil das Kind immer noch an der Nabelschnur hing. »Anscheinend ist es doch anders als bei einer Kuh. Da braucht man sich um weiter nix zu kümmern«, murmelte er irritiert. Dann aber hellte sich sein Gesicht auf: »Ah, jetzt erinner ich mich. Die Mutter hat öfter davon geredet, dass ein Kind abgenabelt werden muss.«

»Und wie machen wir das, Vater?«, fragte kläglich die Vroni.

»Wo hast dein Nähkastl?«, erkundigte sich der Bauer.

»In dem Korb auf der Bank, unter meiner Wasch.«

Aus dem Nähkasten nahm der Bauer weißen Zwirn und die Schere und aus dem Wandschrank die Flasche Obstler, die dort für Notfälle deponiert war. So ein Notfall schien ihm jetzt eingetreten. Von dem wenigen, das sich noch in der Flasche befand, goss er sich ein Stamperl ein und kippte es in einem Zug hinunter. Mit dem Rest desinfizierte er die Schere, band mit einem Zwirnfaden die Nabelschnur ziemlich dicht am Körper des Kindes ab und trennte sie mit der Schere durch. Einigermaßen stolz auf sein Werk wickelte er seinen Enkel anschließend ordentlich in das Handtuch ein und legte ihn seiner Tochter in den Arm. Die Nachgeburt trug er hinaus, damit die Knechte sie eingraben sollten.

Die waren mittlerweile nicht faul gewesen, denn die Trage stand fertig da. Zwei dicke Stangen, im Abstand von etwa einem halben Meter parallel nebeneinandergelegt, waren mit zwei Querstreben verbunden worden. Darüber hatten sie von beiden Seiten alte Getreidesäcke gestülpt, wodurch sich allerdings die beiden Stangen nicht mehr richtig greifen ließen. Doch der Bauer wusste Rat und schnitt mit der Schere an allen vier Ecken ein Loch in die

Säcke, sodass die Stangenenden nun rausschauten und einwandfrei zu packen waren. Als sie die Vroni auf dieses Provisorium legen wollten, bestand die noch auf einem frischen Leintuch und wickelte ihr Kind ins Kopfkissen, damit es sich nicht verkühlte, bevor sie auf die Trage gehoben wurde. Die Knechte breiteten das Federbett über sie und schnürten das Ganze mit zwei Kälberstricken fest.

»Was machen wir mit dem Buben?«, fragte einer der beiden.

»Um den braucht's euch nicht zu kümmern. Den nehm ich schon«, antwortete der frischgebackene Großvater. »Schaut's ihr nur, dass ihr die Vroni sicher zu Tal bringt.«

Als er das winzige Kerlchen schließlich eingehüllt ins Kopfkissen im Arm hielt, kamen ihm Zweifel: »Der schaut ja so schwächlich aus, der Bub. Den werden wir kaum durchbringen. Ob der's überhaupt schafft, bis wir unten sind?«

»Wir müssen's versuchen«, gab sich die Vroni optimistisch. »Du musst halt gut drauf achten, dass er dir unterwegs nicht aus dem Kissen rutscht.«

Dann setzte sich die kleine Karawane in Bewegung. Vorneweg stolperten die beiden Knechte mit der Trage über Stock und Stein. Hinterdrein stakste der Bauer, seinen Enkel besorgt an sich drückend. Da es ständig steil bergab ging, wurde die Last für den vorderen Träger bald zu schwer, und die Knechte tauschten die Position. Nachdem sie zum wiederholten Mal gewechselt hatten, seufzte einer der beiden: »Ja, ja, dieses Kreuz wär nicht so schwer, wenn das böse Weib nicht wär.« Da mussten alle herzlich lachen, und sogar die Wöchnerin stimmte in das Gelächter mit ein.

Nach anderthalb Stunden erreichten sie alle wohlbehalten den Hof. Dort fiel die junge Großmutter zunächst aus allen Wolken, als sie das Mitbringsel sah, fasste sich jedoch schnell wieder und schickte nach der Hebamme. »Was willst jetzt noch mit der?«, war die verwunderte Frage ihres Mannes. »Das Kind ist doch schon da.«

»So kann auch nur ein Mannsbild daherreden«, erwiderte sie. »Für die Hebamme gibt's noch genug zu tun, wovon du keine Ahnung hast.«

Als die nach gut vier Stunden heraufgekeucht kam, stellte sie fest, dass bei Mutter und Kind alles in Ordnung sei, außer dass der Kleine mit seinen viereinhalb Pfund ein bisschen leicht und mit seinen vierundvierzig Zentimetern ein bisschen klein sei. »Aber das verwächst sich«, tröstete sie Mutter und Großmutter. »Für ein Siebenmonatskind ist er ganz gut beieinander.« Sogar die »fachgerechte« Abnabelung erwähnte sie lobend.

Als Kindsvater schrieb sie den Brandner-Hans in ihr Tagebuch, und als Namen des Kindes trug sie Leopold ein – zu Ehren des anderen Großvaters. Zu diesem Zeitpunkt waren der Hinteregger-Hiasl und seine Knechte längst schon wieder auf dem Weg nach oben, um endlich das Vieh wie geplant auf die Wielandseitenalm zu treiben. Da die Vroni für die nächste Zeit ausfallen würde, hatten sie kurzerhand die Dirn mit hinaufgenommen, die an Vronis Stelle die nächste Zeit oben bleiben musste, ob ihr das passte oder nicht.

Was aus dem kleinen Poldi geworden ist? Die Befürchtung seines Großvaters Hiasl hat sich glücklicherweise nicht bestätigt, sondern die Voraussage der Hebamme. So armselig das Kerlchen bei seiner Geburt auch war und so armselig es lange Zeit blieb, erwies es sich doch am Ende als recht zäh und strafte alle Pessimisten Lügen. Vielleicht auch dank der unermüdlichen Fürsorge seiner jungen Mutter. Ans Heiraten allerdings konnten die Vroni und der Hans lange nicht denken. Zum einen weil die Vroni weiterhin daheim gebraucht wurde, vor allem auf den Almen, und zum anderen weil der alte Brandner sich noch viel zu rüstig fühlte, den Hof zu übergeben – und vorher zu heiraten, das war nicht üblich.

Wohin aber mit dem Kleinen? Vronis Mutter hatte selbst einen Stall voll Kinder zu versorgen und wusste kaum, wie sie das packen sollte, und so kam der Junge zu den Brandners, die diese Aufgabe nur zu gerne übernahmen. So wurden der alte Pold und seine Frau, die Gretl, die Zieheltern von ihrem Enkel, dem kleinen Poldi, auf den sie sehr stolz waren. Nachdem der Kleine zunächst prächtig gedieh, bereitete er seinen Eltern und Großeltern später großen Kummer, denn im Alter von fünf Jahren erkrankte er an Kinderlähmung. Wie diese Krankheit den Weg in die einsame Bergwelt gefunden hatte, konnte sich niemand erklären, aber die Diagnose war eindeutig. Es bedurfte großer Geduld und intensiver Pflege vonseiten der Brandnerin, bis das Kind wieder auf die Beine kam. Nach fast einem Jahr hatte er es jedoch geschafft und konnte mit den anderen Kindern sogar den weiten Weg zur Schule zurücklegen.

Was weiter aus ihm geworden ist? Bis seine Eltern, die Vroni und der Hans, endlich heiraten konnten, war er bereits zehn Jahre alt. Dafür gab es eine Hochzeit, über die im ganzen Tal noch jahrelang geredet wurde, und einige Geschwister bekam der Bub außerdem.

Das armselige Kerlchen wurde ein gestandener Mann, der vor einigen Monaten bei bester Gesundheit seinen achtzigsten Geburtstag und bald darauf seine goldene Hochzeit gefeiert hat.

Die Liebesgabe

Der Wastl hatte sich verliebt. Ausgerechnet in die Leni, eine Sennerin, die weitab von seiner Behausung lebte. Als Holzknecht lebte er nämlich überwiegend in einer Schutzhütte am Scheibelberg, auf etwa vierzehnhundert Metern. Seine Auserkorene dagegen wohnte noch einmal vier- bis fünfhundert Meter höher auf der Reiteralm. Eigentlich kein Problem für einen forschen jungen Mann, sollte man denken, doch ein Blick auf die geografische Lage belehrt eines Besseren. Um von der einen Hütte zur anderen zu gelangen, muss man nämlich das Unkener Tal durchqueren – und dabei bis auf weniger als sechshundert Meter hinabsteigen.

Deshalb ist es beinahe verwunderlich, dass der Wastl überhaupt von der Existenz der Lena wusste. Aber Liebe kennt bekanntlich keine Grenzen und keine Hindernisse. Egal wie, dachte der verliebte Holzknecht, ich muss zu ihr. Nun ist es aber Brauch, dass man bei einem Besuch ein Gastgeschenk mitbringt. Nicht nur das: Der junge Bursche wollte seiner Angebeteten darüber hinaus mit einer besonderen Liebesgabe imponieren. Doch was hatte ein armer Tropf von Holzknecht schon zu bieten, um seine Liebe zu beweisen?

Geld für Blumen oder Schokolade besaß er nicht. Das Einzige, was ihn in Hülle und Fülle umgab, war Holz. Und das konnte man in einer Sennhütte immer brauchen. Nun hätte das aber zu armselig ausgesehen, wenn er mit zwei, drei Scheiten Holz aufgetaucht wäre. Um ihr zu zeigen, wie sehr er sie liebte, hätte er ihr gleich einen ganzen Ster Holz mitbringen müssen. Aber das war technisch unmöglich. Der verliebte Wastl hatte eine Idee. Die kostete ihn kein Geld, sondern nur ein wenig Schweiß und würde was hermachen. Nach Feierabend stellte er sich an den Hackstock und spaltete mit Inbrunst einen trockenen Holzklotz in lauter handliche Stücke. Diese wiederum zerhackte er in lauter feine Stäbe, zu einem richtig guten Anmachholz, das für viele Tage reichen würde. Jeden Morgen beim Einheizen würde die Leni dann mit einem warmen Gefühl an ihn denken und sich schon auf seinen nächsten Besuch freuen. Bei dieser Überlegung wurde ihm richtig warm ums Herz und nicht nur von der Anstrengung. Die zierlichen Holzstäbe packte er zu einem ordentlichen Bündel, das man bei uns Span nennt, zusammen und umwickelte es mit einem Hanfseil, versteckte es unter seiner Bettstatt und fieberte dem Wochenende entgegen.

Am Samstagnachmittag um zwei Uhr war es endlich so weit. Feierabend! Während seine Kollegen sich möglichst schnell auf den Heimweg machten, die jüngeren zu ihren Eltern, die älteren zu Weib und Kind, wusch und frisierte sich der Wastl sorgfältig am Brunnen vor der Hütte, zog saubere Wäsche an und darüber sein bestes Hemd sowie seine Sonntagslederhose. Dann holte er seinen Span unter dem Bett hervor, klemmte ihn unter den Arm und sprang erwartungsvoll davon. Mühelos trugen ihn seine Beine den Berg hinab. Das Bündel empfand er nicht als Last, war es doch der Schlüssel zum Herzen und zur Kammer seiner Liebsten!

In Unken war er relativ schnell, doch dann zog es sich. Der Aufstieg war steil und beschwerlich, und er hielt sich nur aufrecht, indem er sich ausmalte, wie er mit seinen Holzspänen Lenas Herz und Stube wärmen würde. Trotzdem fühlte er sich völlig erschöpft, als er nach sieben Stunden Fußmarsch ohne Essen und Trinken endlich am Ziel seiner Träume ankam, und seine Kehle war wie ausgedörrt. So wollte er nicht vor die Erwählte hintreten. Zum Glück plätscherte vor der Hütte ein Brunnen, an dem er sich erst mal labte und das verschwitzte Gesicht und die Hände wusch, bevor er es wagte, die Türklinke niederzudrücken. Abgesperrt! Schade, dachte er, ich hätt sie so gern überrascht. Ihm blieb also nichts anderes übrig, als sich durch Anklopfen bemerkbar zu machen, doch nichts geschah. Deshalb klopfte der Wastl etwas kräftiger. Alles blieb stumm.

»Kruzitürken«, schimpfte er vor sich hin. »Sie muss doch daheim sein.« Keine Sennerin würde so spät am Abend noch ausgehen. Oder war sie etwa schon früh zu Bett gegangen? Er trat ganz dicht ans Stubenfenster und schaute hinein, aber von der Leni keine Spur. Nun wollte er es ganz genau wissen und tat etwas, was man eigentlich nicht tut. Er ging ums Hauseck herum und spähte durch ihr Kammerfenster. Was er da erblickte, konnte er kaum fassen. Die Leni lag tatsächlich in ihrem Bett, aber sie schlief keineswegs. Im Gegenteil, sie war so wach, wie man in einem Bett nicht wacher sein könnte. Sie war nämlich nicht allein! Die Stelle, die der Wastl einzunehmen gehofft und wovon er den ganzen Tag geträumt hatte, die war bereits besetzt! Durch ein ihm unbekanntes Mannsbild.

Böse Verwünschungen ausstoßend, kehrte er zurück zur Vorderseite der Hütte. Sein Blut kochte, und er betrachtete seine überflüssig gewordene Liebesgabe, die er zuvor auf der Hausbank abgelegt hatte. Er nahm sie auf und gab sie unschlüssig von einer Hand in die andere. Sie wieder nach Hause schleppen, das wollte er auf keinen Fall. Denn jetzt, wo ihn keine Hoffnung mehr beflügelte, würde sie nur eine schwere Last bedeuten. Zurücklassen wollte er sein Geschenk allerdings auch nicht, denn der Gedanke, dass die Lena damit für einen anderen Liebhaber einheizte, schien ihm unerträglich.

Plötzlich kam ihm die rettende Idee. Er band das Hanfseil ab, errichtete mit den dünnen Spänen vor der Hütte einen kleinen Scheiterhaufen, zog seine Zündhölzer hervor und zündete ihn an. Hei, wie das lustig brannte! Während er in die Flammen starrte, verbrannte seine Liebe zur Lena gleich mit. Und als nur noch ein Häufchen Asche vor ihm lag, war auch die Glut in seinem Herzen erloschen. Ruhig trat er den Rückweg an. Für den Abstieg von der Reiteralm konnte er noch die letzten Stunden des Tageslichts nutzen, während ihm durch das Unkener Tal und beim Aufstieg zum Scheibelberg Mond und Sterne den Weg wiesen. So kam der bitter enttäuschte Wastl fünfzehn Stunden nachdem er hoffnungsvoll und frohgemut aufgebrochen war, müde, hungrig, durstig und total erschöpft wieder bei seiner Holzknechtshütte an. Essen mochte er nichts, aber zwei Liter Wasser soll er in sich hineingeschüttet haben, ehe er wie tot auf seiner Schlafstatt niedersank.

Wodurch die Geschichte, die im Sommer 1935 passierte und von der eigentlich nur er wissen konnte, bekannt wurde? Viele Jahre später, als der Wastl längst mit einer anderen Sennerin glücklich verheiratet war, hat er sie am Stammtisch in Unken zum Besten gegeben. Und einer seiner Zuhörer war mein alter Pflegevater, der Gstatter-Martin, der sie als Bereicherung mit in unsere Spinnstuben brachte.

Die wildernde Sennerin

Ihr Name ist nicht überliefert und auch nicht der Name der Alm, von der aus sie ihr »Unwesen« getrieben hat. Bekannt ist nur, dass sie viele Jahre in der Region um Unken gelebt und dort die Wälder regelmäßig mit ihrer Büchse durchstreift hat.

Es war schon eigenartig: Während jeder andere »brave« Wilderer trotz aller Vorsicht das eine oder andere Mal erwischt wurde, die wildernde Sennerin kam immer ungeschoren davon. Manch einer behauptete sogar, sie sei mit dem Teufel im Bunde gewesen. Andere meinten, dass da eher der Förster die Hand im Spiel hatte. Keine abwegige Vermutung,

116

wie mir scheint – zumindest nicht zu der Zeit, als sie noch jung und hübsch war.

Sie muss um die Wende vom 19. auf das 20. Jahrhundert gelebt haben. Mein alter Ziehvater behauptete jedenfalls, sie kurz nach 1900, als er selbst noch ein strammer Bursch und Wilderer war, in der Abenddämmerung einmal im Wald getroffen zu haben, als sie mit beiden Händen einen kapitalen Hirsch am Geweih mühsam hinter sich herschleifte. Trotz ihres geschwärzten Gesichts und des grauen Jagermantels sei sie leicht als alte Frau zu erkennen gewesen.

»Na, Alte, wie viel Böck' hast denn schon geschossen?«, fragte er kollegial.

»Ob du's glaubst oder nicht, das ist mein erster. Aber wennst mich fragst, wie viel Gams und wie viel Stuck ich erlegt hab, das kann ich dir nimmer sagen.«

Nach diesem aufschlussreichen Gespräch zog jeder seiner Wege.

Ein andermal, noch in ihrer Jugend, soll sie am helllichten Tag im Wald mit einem Rucksack unterwegs gewesen sein, in normaler Weiberkleidung. Da kam ein Jäger des Weges und fragte: »Na, Dirndl, was hast denn in deinem Rucksack?«

»Brennnesseln«, gab sie knapp zur Antwortet. Er ließ den Rucksack öffnen, um den Wahrheitsgehalt ihrer Aussage zu überprüfen, und fand ihn tatsächlich prall mit Brennnesseln gefüllt. Damals sammelten die Sennerinnen gerne Brennnesseln, die mit kochendem Wasser überbrüht einen Tag ziehen mussten, bevor man sie den Kühen zum Fressen gab. Das sei förderlich für die Gesundheit der Tiere und steigere die Milchleistung, glaubte man.

Der Jäger war mit seiner Befragung jedoch noch nicht am Ende. »Und wo hast deine Büchsn?«, wollte er wissen.

»Unter meinem Kittel«, antwortete die wildernde Sennerin und durfte anschließend von dannen ziehen.

Als sich sämtliche Erwachsenen in der Stube nach dem Erzählen dieser Geschichte ausschütteten vor Lachen, machten die Burgi und ich wieder einmal nur dumme Gesichter, denn die Zweideutigkeit dieser Antwort hatten wir nicht verstanden. Selbst dann nicht, als der Gstatter-Martin hinzufügte: »Auf dem Waldweg hat der Waidmann den Wahrheitsgehalt ihrer Aussage wohl nicht überprüfen mögen. Aber ich bin sicher, das hat er am späten Abend in ihrer Kammer nachgeholt.«

In unserer Spinnstube wurden nicht nur Geschichten erzählt, es wurde auch häufig musiziert. Mein Ziehvater Max war nämlich nicht nur ein forscher Wildschütz, sondern auch ein begnadeter Musikant. Ohne auch nur eine Note zu kennen, spielte er jede Melodie nach, die er einmal gehört hatte. Ganz gleich, auf welchem Instrument. Er beherrschte die Klarinette ebenso wie die diatonische Ziach (Ziehharmonika), das Flügelhorn, die Gitarre oder die Zither und die Okarina.

Mit dem Brandner-Hans, der die Trompete blies, und noch zwei anderen Freunden, die beide Jakob hießen und großes Geschick auf ihren Instrumenten – der Trompete und der Zugposaune – bewiesen, spielten sie häufig zu Hochzeiten oder anderen Anlässen in verschiedenen Wirtshäusern zum Tanz auf. Meist probten sie vorher in unserer Stube, was uns gerade recht war. Mit Begeisterung lauschten wir dann den Musikanten, zu denen sich bisweilen noch ein fünfter gesellte, dessen Sprache wir lustig fanden. Er hieß nach seinem Herkunftsland bei uns nur der Böhm-Ludwig, war ein fahrender Händler, der seine Trompete stets mit sich führte, sodass er sich, wann immer es ihn in unsere Gegend verschlug, den anderen zum Musizieren anschloss. Und wie der seine Trompete blies! Er spielte so schön, dass uns die Tränen kamen und wir unsere Arbeit fallen ließen und nur noch zuhörten.

Mit was er handelte, habe ich nie erfahren. Ich vermute aber, dass es irgendwas mit Waffen und Munition zu tun hatte. Denn warum sonst hatte man in unserer Anwesenheit nie über seine Geschäfte gesprochen? Und wie sonst sollten die Wilderer an neue Gewehre kommen, wenn der Förster ihnen das ihre abgenommen hatte? Beim Kramer zu kaufen gab es die nämlich nicht. Vermutlich schöpfte er aus einem Vorrat, den er sich nach Ende des Ersten Weltkrieges leicht hatte anlegen können.

Krieg und Nachkriegszeit

Im März oder im April 1938 verkündete der Lehrer in der Schule, dass wir ab sofort zum Großdeutschen Reich gehörten und damit die Grenze nach Deutschland für uns alle offen sei. Er schien das wichtig zu finden, doch mich beeindruckte das nicht im Geringsten. Wir lebten zwar dicht an der Grenze, doch bisher hatte es für mich nie eine Veranlassung gegeben, ins Nachbarland zu gehen. Warum sollte sich das in Zukunft ändern?

Im September 1939 dann folgte die nächste bedeutsame Mitteilung: Zwischen Deutschland und Polen sei ein Krieg ausgebrochen. Das berührte mich ebenso wenig wie der Anschluss an das Deutsche Reich. Was ein Krieg war, das konnte ich mir so ungefähr vorstellen, denn über den vergangenen großen Krieg war in unserer Spinnstube immer wieder gesprochen worden. Aber Polen, das war ja so weit weg! Das konnte mit uns doch nichts zu tun haben. Anfangs lief das Leben auch völlig normal weiter, und selbst als die ersten Männer eingezogen wurden, begriff ich den Ernst der Lage noch nicht. Als Erstes waren die Halbbrüder meiner Mutter an der Reihe, zunächst der Johann und wenig später der Martschi, der immer noch bei uns im Haus lebte. Es folgten die beiden Knechte und schließlich sogar der Rossknecht mitsamt unserem besten Pferd. Doch auch das belastete mich nicht wirklich. Der Krieg würde bestimmt bald vorbei sein, sodass alle ganz schnell wieder heimkämen.

Als der erste von Walburgas Brüdern in den Krieg ziehen musste, hörte ich sie seufzen: »Jetzt bin ich froh, dass ich nur Dirndln hab. Die können sie mir wenigstens nicht wegnehmen.« Ihr Martin war damals noch nicht geboren. Was hat sie nur, dachte ich, ihre Buben wären, falls sie welche hätte, eh noch zu jung für den Krieg. Denn damals hatte ich noch nicht in der Schule gelernt, dass Kriege bisweilen sehr lange, Jahrzehnte gar, dauern konnten.

Außerdem plagten uns andere Sorgen. Unsere alte Dirn, die Lisl, legte sich nieder. Sie war nicht wirklich krank – aufgearbeitet sei sie, hieß es. Da ihre Arbeitskraft ausfiel, mussten wir anderen mehr ran als sonst und sie überdies pflegen. Uns war nicht bekannt, ob sie überhaupt noch Angehörige besaß – und selbst wenn, niemand wäre auf die Idee gekommen, sie dorthin abzuschieben. Es war ganz selbstverständlich, dass sie bis zu ihrem letzten Atemzug von uns versorgt wurde. Die Lisl war dreizehn, als Urgroßmutter Eva sie ins Haus holte, und hatte ein Leben lang treu für uns gearbeitet. Als sie im Januar 1941 mit siebenundsechzig für immer die Augen schloss, war es für uns, als hätten wir ein Familienmitglied verloren.

Wir bahrten sie in der Stube auf und beteten an drei Abenden hintereinander an ihrem Sarg den Rosenkranz, woran auch Bewohner der acht Nachbarhäuser teilnahmen. Anschließend wurde der Sarg geschlossen und auf den Schlitten geladen, mit dem normalerweise das Holz aus dem Wald transportiert wurde. Dann spannten wir unser verbliebenes Ross davor, das den Schlitten zum Dorf zog. Ich, damals zwölf Jahre alt, hatte die große Ehre, das hölzerne Grabkreuz vor dem Schlitten hertragen zu dürfen, während die Burgi neben mir die Laterne mit der Totenkerze trug. Es war die erste Beerdigung, an der ich teilnahm. Der Sarg stand während des Sterbegottesdienstes vorne in der Kirche, und danach bewegte sich der kleine Leichenzug zum nahe gelegenen Friedhof, wo die treue Seele ihre letzte Ruhestätte erhielt. Anschließend begab man sich ins Wirtshaus, wo es für jeden Würstl mit Brot gab. Die Kinder tranken dazu Kracherl, wie man bei uns zu Limonade sagt, und die Erwachsenen eine Maß Bier. Dass es bei dieser Gelegenheit recht laut und gar fröhlich zuging, hat mich dann doch sehr befremdet.

Für die Lisl wurde keine neue Magd eingestellt, weil wir Mädchen inzwischen so weit herangewachsen waren, dass wir uns in die Aufgaben einteilen konnten. Schließlich hatten wir das ja schon die letzten Monate tun müssen. Der Martschi und die beiden Knechte hingegen, die in den Krieg mussten, waren ersetzt worden – allerdings durch Mägde, denn Männer wurden bereits knapp. Irgendwann bekamen auch wir den Krieg zu spüren und begriffen den Ernst der Lage. In der Stube saßen außer den Frauen und Kindern nur noch der alte und der junge Bauer. Der eine war für den Kriegsdienst zu alt, und den anderen hatte man bisher zurückgestellt, weil an ihm die Verantwortung für den ganzen Betrieb hing. Überdies galt die Erzeugung von Lebensmitteln als kriegswichtig, denn die Höfe mussten jede Menge abliefern. Vorbei war es allerdings mit spaßigen Geschichten. Die Erwachsenen sprachen fast nur noch über den Krieg. Zudem hörten wir immer öfter Flugzeuge über uns hinwegdonnern, glaubten jedoch fest daran, dass wir hier in den Bergen von Bomben nichts abbekämen – wer sollte schon ein Interesse an ein paar versprengt liegenden Bauernhöfen haben? Das beruhigte uns Kinder sehr.

Der letzte Kriegswinter brachte viel Schnee, besonders Anfang März 1945 fielen innerhalb von zwei Tagen drei Meter. Abgesehen davon, dass alle kräftigen jungen Burschen an der Front standen, diese Schneemassen wären für sie nicht zu bewältigen gewesen und erst recht nicht für die zurückgebliebenen alten Männer. Uns blieb also nichts anderes übrig, als darauf zu warten, dass die Sonne oder der Föhn den Schnee auf natürliche Weise beseitigen würden. Die nächsten drei Wochen waren wir völlig von der Außenwelt abgeschnitten – und wir Kinder vom Schulbesuch ausgeschlossen, in unseren Augen das einzig Positive an der Situation.

Der ungewöhnlich ergiebige Schneefall blieb aber nicht die einzige Katastrophe in diesem März. Den genauen Tag weiß ich nicht mehr – wir saßen in der Küche beim Nachtessen – , da donnerte eine Militärmaschine über uns hinweg, was zwar öfter einmal vorkam, doch plötzlich erschütterte ein gewaltiger Lärm, wie wir ihn noch nie vernommen hatten, die Luft. Das ganze Haus schien zu wanken, das Geschirr auf den Regalen klirrte, einige Fensterscheiben gingen zu Bruch. Dann kehrte Totenstille ein. Kein

Mensch traute sich vor die Haustür. Der Großvater holte Bretter aus seiner Werkstatt und nagelte die gähnenden Fensteröffnungen vorerst zu, damit der Wind nicht ungehindert hereinpfeifen konnte. Später, wenn die Wege wieder passierbar waren, würde man nach dem Glaser schicken.

Am anderen Morgen sahen wir dann die Bescherung. Nur wenige Meter unterhalb unseres Hauses war eine Bombe eingeschlagen und hatte einen Krater gerissen, in den ein ganzes Haus gepasst hätte. Vielleicht hatten die Schneemassen die Bombe ein wenig abgebremst und einen größeren Schaden verhindert. Von da an fühlten wir uns nicht mehr sicher in unseren vier Wänden. Wir zitterten und beteten bei jedem Flugzeug, das über uns hinwegflog. Wie leicht konnte die nächste Bombe unser Haus treffen. In den folgenden Tagen hörten wir tatsächlich noch zweimal eine ähnlich heftige Detonation. Wieso, so fragte man sich, griff man auf einmal völlig unwichtige, von der Welt fast vergessene Bergbauernhöfe an? Ein Nachbar, der es endlich geschafft hatte, ins Dorf hinunterzugelangen, brachte von dort eine Erklärung mit. Wenn ein Flugzeug nach einem Angriff auf eine Stadt noch Bomben übrig hatte, wurden diese wahllos abgeworfen, weil es für den Piloten zu gefährlich gewesen wäre, mit einer Bombe an Bord auf seinem Einsatzflugplatz zu landen. So war das also, dachten wir und fühlten uns noch bedrohter als zuvor. Erst als der Schnee weitgehend abgeschmolzen war und man sich wieder frei im Gelände bewegen konnte, entdeckten wir die beiden anderen Bombentrichter, die dem ersten in der Größe nicht nachstanden.

In der letzten Märzwoche geschah erneut etwas. Wir saßen ein letztes Mal beisammen in der Stube, bevor der Großvater am nächsten Tag mit den Kühen auf die Futteralm zog, als wir wieder eine heftige Erschütterung verspürten. Erschrocken schauten wir uns an, denn niemand hatte zuvor das Motorengeräusch eines Flugzeugs oder den Knall einer Explosion gehört. »Was ist das?«, fragten wir Kinder ängstlich, doch noch ehe einer der Erwachsenen antworten konnte, wurden wir gescheit durchgeschüttelt. »Es wird eine Lawine aufs Haus niedergegangen sein«, vermutete Mutter Walburga. Lawinen waren für uns nichts Unbekanntes, besonders nicht gegen Ende des Winters, wenn die Sonne die Schneeschichten lockerer werden ließ. Beherzt ging ihr Mann nach draußen, um nachzuschauen.

»Nein«, erstattete er zurückkommend Bericht. »Absolut nichts von einer Lawine zu erkennen.«

»Dann war's ein Erdbeben«, behauptete der Großvater kurz und bündig. Und so war es dann auch. Aus dem Tal brachte anderntags jemand die Bestätigung mit. In einiger Entfernung von uns habe es ein heftiges Erdbeben gegeben, dessen Ausläufer wir mitbekommen hätten.

Kurz darauf war der Krieg zu Ende. Die ersten Männer kehrten heim, andere nicht. Wir erhielten die traurige Nachricht, dass ein Bruder von der Walburga ebenso gefallen war wie mein Onkel Johann. Auch unser Rossknecht wurde ein Opfer des Krieges, mitsamt unserm Pferd. Einigermaßen Gutes hörten wir nur über den Martschi. Er sei schwer verwundet, aber außer Lebensgefahr, hieß es, und befinde sich in einem Wiener Lazarett. Da es keinem von uns möglich war, ihn zu besuchen, schrieben wir ihm Briefe und schickten ihm gelegentlich ein Päckchen, worüber er sich sehr freute. Als er endlich entlassen wurde, war er so weit wiederhergestellt, dass er seine Arbeit auf dem Hof gleich wieder aufnehmen konnte.

Als der Gstatter-Martin am 21. Dezember 1945 mit seiner Herde vom Futterhof nach Hause kam, sagte er: »So, das war meine letzte Saison als Senn. Jetzt sollte eine jüngere Person die Arbeit auf der Alm übernehmen. Ich denke da an eines von den drei Dirndln. Jedes von ihnen hat mir inzwischen bewiesen, dass es auch allein da oben zurechtkommen würde. Die eine ist so geschickt wie die andere.«

Er meinte damit die Burgi, die Elisabeth und mich. Seit unserer Schulentlassung war immer eine von uns bei ihm auf der Alm gewesen, wobei wir uns stets abwechselten, sodass wir alle gleichermaßen mit allen drei Almen vertraut waren. Jede der drei Bergweiden stellte nämlich eine andere Herausforderung an den Senner oder die Sennerin dar. Weil sich keine vordrängeln wollte, entschied die Mutter: »Die Burgi als die Älteste ist bis zum Saisonbeginn schon neunzehn und sollte deshalb als Erste allein auf die Alm gehen.« Mit dieser Lösung waren alle zufrieden. Wir beiden anderen blieben als Hilfe zu Hause und wechselten uns als Feld- und als Hausmagd ab, während die Marianne die Rolle der Kindsmagd bei den kleinen Geschwistern Erika und Max übernahm.

Auch wenn er nicht mehr auf die Alm ging, so setzte sich der Altbauer noch lange nicht zur Ruhe. Er sprang ein, wo immer Not am Mann war oder eine helfende Hand gebraucht wurde. So verging der Sommer, und es kam der Winter, in dem unsere Mannerleut wie vor dem Krieg wieder mit uns in der Stube saßen und Schindeln herstellten für das Hausdach, das im kommenden Frühjahr neu gedeckt werden sollte. Wie früher wurden die alten Geschichten erzählt, aber auch neue, die sich zwar vor nicht allzu langer Zeit zugetragen hatten, die ich jedoch noch nicht kannte. Eine erzählte uns der Martschi, mittlerweile sechsundzwanzig oder siebenundzwanzig Jahre alt, der eher selten etwas zur allgemeinen Unterhaltung beitrug.

Hohes Fieber

»Jetzt will ich euch mal was erzählen, das ich bisher noch nie jemandem verraten habe, weil ich dabei nicht besonders gut wegkomme. Aber inzwischen bin ich alt genug, um selber über die Geschichte lachen zu können. Außer mir hat nur die Großmutter Anna etwas davon gewusst und unser alter Landarzt aus Unken. Aber beide haben dieses Geheimnis mit ins Grab genommen.

Es war Ende Oktober 1930, ich war grad elf und die Anna etwas mehr als ein Jahr alt. In der Nacht hatte sie sehr unruhig geschlafen, und weil sie am Morgen gar so jämmerliche Laute von sich gab, hob die Anna sie schon früher aus ihrem Bettchen als gewöhnlich. ›Ja, mei‹, klagte sie, ›das Dirndl hat ja ganz heiße Bäckchen. Wahrscheinlich kriegt's

Backenzähne.‹ Mit dieser Diagnose gab sie sich zunächst zufrieden. Als die Anna aber im Laufe des Vormittags immer erbärmlicher weinte und weder essen noch trinken wollte und sich überdies immer heißer anfühlte, maß die Anna bei dem Kind Fieber.

Über das Ergebnis war sie so erschrocken, dass sie nicht mehr ans Zahnen als Ursache glaubte. Sie rief mich herbei: ›Martschi, lauf sofort runter zum Doktor. Er möchte bittschön sofort raufkommen. Sag ihm, unser kleines Dirndl sei krank.‹

›Aber Großmutter Anna‹, entgegnete ich, ›es ist doch heut Sonntag. Da ist der Doktor doch gar nicht in seiner Praxis.‹

›Ich weiß. Gehst halt hinters Haus und läutest an der Privattür.‹

›Meinst nicht, dass er dann bös wird?‹

›Nein, Martschi, da brauchst keine Angst zu haben. In einem Notfall ist er immer zu sprechen. Schilderst ihm halt, dass das Dirndl weint und weder was essen noch trinken mag und dass es vierzig fünf Fieber hat.‹

Weil die Großmutter äußerst besorgt wirkte, machte ich mir inzwischen ebenfalls Sorgen ums Dirndl, an dem ich ebenso hing wie an der kleinen Burgi, und sauste gleich los. Trotz der Eile rannte ich jedoch nicht kopflos den Berg hinab. Zum einen um mir meine Kräfte einzuteilen, zum anderen weil ich mir unterwegs so allerlei Gedanken machte. Irgendwie schien mir die Aussage der Großmutter nicht dringlich genug, damit der Arzt an einem Sonntag bis zu uns auf den Berg stieg. Außerdem vierzig fünf – was für eine unsinnige Temperaturangabe! Da hatte sich die Großmutter in der Aufregung bestimmt vertan. Wenn ich das dem Doktor sagte, dann hielt der mich doch für blöd. Ich beschloss also, die Sache dramatischer darzustellen, damit ihm gar keine andere Wahl blieb, als mitzukommen.

Ziemlich außer Atem kam ich an der Hintertür des Arzthauses an und klingelte Sturm. Der Doktor selbst war es, der ein Fenster öffnete und hinausrief: ›Na, na, junger Mann, nicht so stürmisch? Wo brennt's denn?‹

›Brennen tut's nicht‹, antwortete ich naiv und sprudelte in meiner Besorgnis heraus: ›Aber unser Dirndl stirbt! Es hat fünfundvierzig Grad Fieber!‹

Die Reaktion des Doktors auf diese Schreckensnachricht ließ mich an seinem Verstand zweifeln. Statt nämlich vor Besorgnis und Mitgefühl zu zergehen, lachte er schallend auf. Endlich bequemte er sich zu der Frage: ›Ja, Bub, wo hast denn diese Weisheit her?‹

›Von der Großmutter Anna. Die hat's gemessen‹, antwortete ich noch immer selbstbewusst.

›Aber fünfundvierzig Grad hat sie bestimmt nicht gesagt. Da hast was verwechselt. Mehr als zweiundvierzig Grad überlebt ein Mensch nämlich nicht. Überleg noch mal genau, dann fällt's dir gewiss wieder ein.‹

Ich merkte, wie mir die Schamesröte ins Gesicht stieg, und brachte kleinlaut hervor: ›Vierzig fünf hat sie gesagt.‹

›Na, also. Jetzt ist es dir doch wieder eingefallen.‹

Ich stand da wie ein begossener Pudel. Statt vierzig fünf hatte ich extra fünfundvierzig gesagt, damit der Doktor nicht meinte, ich sei blöd, aber gerade deshalb hielt er mich jetzt für blöd!

So froh ich ja wegen dem Dirndl war, dass er gleich mit mir nach Gföll aufstieg, so peinlich war es mir, den ganzen Weg in seiner Gesellschaft zurücklegen zu müssen. Wir kamen keine Sekunde zu früh. Händeringend kam uns schon die Anna entgegen. ›Gut, dass Sie da sind, Herr Doktor. Das Fieber ist noch weiter gestiegen. Ich weiß mir nimmer zu helfen.‹

Der Arzt brauchte das Kind gar nicht lang zu untersuchen, sondern schaute sich nur die Zunge an: ›Hab ich mir's doch gedacht. Typische Himbeerzunge. Scharlach hat die Kleine.‹

›Ja mei, woher hat das Kind denn das? Es kommt doch nirgendwohin.‹

›Der Martschi könnte die Krankheit aus der Schule mitgebracht haben. Unten im Dorf gibt es einige Fälle von Scharlach‹, erklärte der Mediziner.

›Ja, um Gottes willen, dann wird der Bub mir auch noch krank werden.‹

›Vermutlich nicht. Sonst wäre er's schon. Er ist ein robuster, kräftiger Bursche, dem die Bazillen nichts anhaben können. Aber er kann sie trotzdem weiterreichen. Und eure Anna ist nun mal ein zartes Kind. Die Burgi solltest jetzt von ihr fernhalten, damit es die nicht auch noch erwischt.‹ Die gut gemeinte Warnung kam allerdings zu spät, denn am nächsten Morgen wachte die Burgi mit den gleichen Symptomen auf.

Antibiotika, wie man sie heute verabreicht, waren damals noch nicht bekannt. Also konnte der Doktor der Anna lediglich sagen, was sie machen sollte, damit das Fieber nicht lebensbedrohlich weiterstieg. Kalte Wadenwickel gehörten dazu und viel zu trinken geben, damit es nicht womöglich noch an Austrocknung starb. Und viele Vitamine sollte sie dem Dirndl geben, damit der Körper Abwehrkräfte bildete. Weil die Anna aber schlecht schlucken konnte, flößte sie ihr mit viel Geduld löffelweise Saft von frisch ausgepressten Äpfeln ein. Was sie sonst noch alles tat, weiß ich nimmer. Und mit der Burgi machte sie dann das Gleiche. Während die Anna drei Wochen lang alle Hände voll zu tun hatte, konnten wir nichts anderes tun, als für das Leben der beiden Dirndln zu beten.«

Verhindertes Jagdglück

Die folgende Geschichte hat sich im Herbst 1938 zugetragen, zu einer Zeit also, in der ich bereits neun Jahre alt war. Deshalb wundert es mich, dass ich damals nichts davon mitbekommen hatte. Umso gespannter lauschte ich dafür jetzt der Erzählung.

Mein Ziehvater Max hatte sich mit meinem Großonkel Martin, dem 1890 geborenen Bruder meiner Großmutter Gertraud, zusammengetan, um auf die »Gams zu gehen«. Illegal natürlich. Angesichts der Begeisterung, mit welcher der Max sein Erlebnis schilderte, gewann ich den Eindruck, dass die beiden damals nicht nur aus Not gewildert haben, sondern dass auch eine gehörige Portion Jagdleidenschaft dahintersteckte. Mit rußgeschwärzten Gesichtern, ihre Büchsen über die Schulter gehängt und die schwarzen Jagermäntel darübergeworfen, zogen sie nach Einbruch der Nacht los. Steil aufwärts führte ihr Weg, dahin, wo die Gämsen sich aufhalten. Noch bevor sie die diese Region erreicht hatten, ertönte hinter ihnen der Ruf: »Halt! Stehen bleiben, oder ich schieße!«

Was ein echter und leidenschaftlicher Wildschütz ist, der reagiert selbstverständlich nicht auf eine solche Aufforderung.

Die beiden machten auf dem Absatz kehrt und suchten ihr Heil in der Flucht. Als ob der Teufel persönlich hinter ihnen her wäre, sprangen sie talwärts, so gut das im fahlen Mondlicht in dem unwegsamen Gelände möglich war. Auch dem zweiten Anruf des Jägers: »Halt! Oder ich schieße«, kamen die Flüchtenden nicht nach. Dann krachte hinter ihnen ein Schuss, und getroffen sackte der Martin zusammen. Der Max aber, immerhin siebzehn Jahre jünger und daher behänder als der andere, war längst aus der Schusslinie.

Der Jäger eilte zu dem Verletzten, der laut jammerte, nahm ihm zunächst sein Gewehr ab und untersuchte ihn: Es hatte ihn am linken Oberschenkel erwischt. »Ihr Wilddiebsgesindel«, schimpfte er. »Brauchst gar nicht zu jammern. Hast noch ein Sauglück gehabt, dass du dir bloß ein paar Schrotkugeln eingefangen hast.« Als er den Martin erkannte, fügte er hinzu: »Deinen sauberen Freund, den Max, erwisch ich schon auch noch.«

Dann half er dem verletzten Wildschütz auf die Beine, hakte ihn unter und schaffte ihn hinunter ins Dorf, wo er den Arzt aus dem Schlaf läutete. Der war nicht gerade begeistert davon, um Mitternacht Schrotkugel für Schrotkugel aus des Wilddiebs Oberschenkel operieren zu müssen. »Ah, habens' dich beim Wildern erwischt?«, war seine höchst überflüssige, hämische Bemerkung. Der Verwundete antwortete darauf nur mit einem leisen Wimmern. Nachdem der Doktor einen ordentlichen Verband angelegt hatte, gab er seinem Patienten noch den wohlgemeinten Rat mit auf den Weg: »In deinem Alter solltest nicht mehr wildern. Dazu bist nimmer schnell genug.«

»Das hab ich gemerkt«, bestätigte der Martin mit einem verkniffenen Lächeln. Eine Bestrafung seitens der Behörden erfolgte erstaunlicherweise nicht. Vielleicht war ja der Jäger der Ansicht gewesen, dass der Martin mit der Verwundung genug gestraft sei, und hatte den Fall nicht zur Anzeige gebracht.

Und der Max? Geschickt wie eine Gams war der, nachdem er den Schuss gehört hatte, eine Steilwand hinuntergeklettert, erreichte unbehelligt seine Wohnung und legte sich ins Bett, als ob nichts gewesen sei. Einschlafen konnte er allerdings lange Zeit nicht, denn immer wieder ging ihm im Kopf herum, was wohl aus dem armen Martin geworden sein mochte, den er im Stich gelassen hatte. Aber helfen hätte er ihm eh nicht können, sagte er sich. Außerdem galt es unter den Wilderern als ausgemacht, dass im Ernstfall jeder auf eigene Faust das Weite suchte, um heil davonzukommen. Und so schlief er trotz seiner Selbstvorwürfe am Ende beruhigt ein.

Die Erleichterung, dem Jäger entwischt zu sein, hielt auch noch am nächsten Morgen an, bis der Max bemerkte, dass sein Stutzen nicht mehr da war. Den musste er bei seiner wilden Flucht verloren haben. »So ein Mist, so ein verfluchter«, schimpfte er. »Jetzt muss ich auf die Nacht noch mal aufsteigen und nach der Büchsn suchen.«

Diese Mühe allerdings blieb ihm erspart, denn kurz nach Mittag klopfte es auf dem Moarhof an, und der Jäger stand mit einem Schantinger vor der Tür.

»Im Holz hab ich was gefunden, das dir gehören dürfte«, sagte er mit spöttischem Grinsen. »Das ist doch dein Gewehr, oder?«

Der Max kam gar nicht dazu, etwas zu leugnen oder zuzugeben, denn da fragte ihn der Schanti schon: »Gehst freiwillig mit oder brauchen wir Stricke?« Gemeint waren die Hanfseile, mit denen man in Ermangelung von Handschellen überführten Tätern die Hände auf den Rücken band.

»Naa, ich komm schon mit. Braucht ja nicht gleich jeder sehen, dass ich ein Schwerverbrecher bin«, antwortete mein Ziehvater mit Galgenhumor.

Im Gemeindehaus gab es ein vergittertes Kammerl, in das sie den Max sperrten. Allerdings nicht bei Wasser und Brot, wie es so schön hieß. Die Kramerwirtin – deren wichtigster Lieferant für Wildbret der Max war – hatte sich ihr Teil gedacht, als sie sah, wie man ihn ins Gemeindehaus geführt hatte und die beiden andern ohne ihn wieder herausgekommen waren. Deshalb schlich sie im Schutze der Dunkelheit zur Rückseite des Hauses zu dem vergitterten Fenster und rief: »Max, bist du da drin?« Als der das Fensterl öffnete, flüsterte sie ihm zu: »Wart, ich bring dir gleich was zu essen«, und erschien wenig später mit einem länglichen Behälter, der sich gerade zwischen den Gitterstäben hindurchschieben ließ und in dem der ertappte Wilderer einen saftigen Schweinsbraten mit Knödeln fand. Die Wirtin reichte ihm schnell noch Messer und Gabel, und schon hatte die Nacht sie wieder verschluckt. Der Max ließ sich diese unverhoffte Mahlzeit schmecken, zumal er nicht wusste, was mit ihm passierte und wann er wieder so etwas Köstliches bekommen würde. Umso erstaunter war er, als am nächsten Morgen seine Zelle geöffnet wurde und man ihn ohne Kommentar ziehen ließ. Ehe er jedoch seinen Heimweg antrat, lieferte er bei der Kramerwirtin gewissenhaft den Behälter sowie das Besteck ab, bedankte sich für das gute Essen und entschuldigte sich, dass die Sachen nicht abgespült waren.

Aber wie heißt es so treffend? Die Katze lässt das Mausen nicht. Das traf auf den Max in hohem Maße zu. Noch viele Male ist er später losgezogen, mal mit dem einen, mal mit dem anderen Freund und hin und wieder auch allein. Am liebsten aber ging er mit dem Brandner-Hans auf die Pirsch – bis dieser 1940 endlich die Vroni, die Mutter des kleinen Poldi, heiratete und schlagartig grundsolide wurde. Nichts war mehr mit Wildern, denn seine junge Frau hatte keine Lust, nachts allein in ihrer Kammer um ihn zittern und bangen zu müssen. Weil er aber auf Jagdfreuden nicht verzichten wollte, meldete er sich zu einem Kurs an und machte brav seinen Jagdschein. Stolz präsentierte er den seinem Freund Max und empfahl ihm, das Gleiche zu tun. »Naa«, antwortete mein Ziehvater, der das Papier genau studierte, »das ist nix für mich. So einen Schein mach ich net, sonst kann ich nimmer aussi gehen.« Was er damit sagen wollte: Mit einem Jagdschein durfte er nur in einem bestimmten Revier jagen, ohne einen solchen aber überall.

Noch eine zweite Wilderergeschichte erfuhren wir in diesem Winter abends in der Stube vom Max. Ich hatte von ihr nicht das Geringste mitbekommen, wohl weil ich in der fraglichen Zeit beim Altbauern auf der Alm war.

Es war kurz nach Ausbruch des Zweiten Weltkriegs, dass seine Frau, meine Ziehmutter Walburga, ihn ohne Absicht und ohne Wissen ganz schön in die Bredouille brachte. Schon seit einiger Zeit stellte der Max Fallen auf, um Füchse zu fangen, deren Felle gutes Geld einbrachten. Eines Tages nun, es war im Oktober, kam ein Jäger am Moarhof vorbei, als die Walburga im Garten Kraut erntete. Wie von ungefähr blieb er bei ihr stehen und verwickelte sie in ein Gespräch. Ganz beiläufig erwähnte er: »Der Max hat mir erzählt, dass er schon fast ein Dutzend Füchse gefangen hat. Weißt du überhaupt was davon?«

»Freilich weiß ich das«, antwortete sie nicht ohne Stolz auf ihren tüchtigen Ehemann – und war ahnungslos in die Falle getappt, die ihr der Waidmann gestellt hatte. Am selben Abend noch tauchten zwei Schantinger bei uns auf und nahmen den Max mit. »Diesmal kommst uns nicht so billig davon wie beim letzten Mal«, drohte ihm der eine. »An so einem Bürscherl wie dir müssen wir mal ein Exempel statuieren, damit den andern die Lust am Wildern vergeht«, erklärte der andere.

In der Tat schaffte man ihn diesmal nach Saalfelden, machte ihm einen ordentlichen Prozess und sperrte ihn für drei Wochen ins Gefängnis. Zum

Glück fiel das in eine Zeit, in der nicht gerade viel auf den Äckern und Feldern zu tun war. Jedenfalls behauptete er, als er quietschvergnügt wieder nach Hause kam: »Mensch, so gut ist's mir mein Lebtag noch nicht gegangen.«

Mit dem Ende des Winters nahm auch das Geschichtenerzählen wieder ein Ende. Wolle, Flachs und Hanf waren versponnen, die Socken und Joppen fürs ganze Jahr gestrickt und die neuen Schindeln fürs Wohnhaus mitsamt den angrenzenden Wirtschaftsgebäuden fertig. Sobald der letzte Schnee vom Dach verschwunden sein würde, sollte es neu eingedeckt werden. Das war zum letzten Mal vor zwölf Jahren geschehen. Danach hatte man nur alle drei Jahre die Schindeln gedreht und gewendet, damit Ober- und Unterseite gleichermaßen verwitterten. Das Dachdecken war stets die Sache des Altbauern gewesen, weil niemand das in seinen Augen gut genug machte. Sein Sohn hatte nur Handlangerdienste geleistet, wobei er aber viel gelernt hatte. Deshalb durfte er sich mal an einer Almhütte versuchen, aber nicht am Wohnhaus. Und alles nur unter den kritischen Blicken des Vaters. Erst seit der Alte die Sommer auf der Alm verbrachte, hatte der Max das Umdecken des Wohngebäudes übernommen. Nun aber sollte er es zum ersten Mal in seinem Leben völlig neu eindecken. Der Jungbauer stieg also aufs Dach und räumte einen Teil der Steine, mit denen die Schindeln gegen Wind und Wetter beschwert waren, auf die andere Seite. Dann riss er an dieser Stelle die Schindeln ab und warf sie hinunter – sie würden noch ein gutes

Anmachholz abgeben. Als Nächstes reichte man ihm in einer Art Kette neue Schindeln hinauf. Das heißt, einer stand unten an der Leiter, einer in der Mitte und einer oben, der Altbauer nämlich, der plötzlich gegen alle Absprachen ganz aufs Dach stieg.

Niemand vermochte später zu sagen, wie das Unglück geschehen war. Ob ihm schwindlig wurde, ob er ausrutschte oder ob ihn gar da droben ein Schlaganfall traf. Fest steht nur, dass er mit einem Mal zum Entsetzen aller anderen, die hilflos zusehen mussten, das Dach hinunterrutschte und am Boden aufschlug. Jeder stürzte hinzu und wollte ihm aufhelfen, doch weil er bewusstlos war, trug man ihn in sein Bett, wo er zwar bald die Augen aufschlug, jedoch nicht wusste, was passiert war. Er hörte sich die aufgeregten Erklärungen an, betastete seine Gliedmaßen und lehnte daraufhin den Vorschlag, einen Arzt zu rufen, ab. »Was will ich mit einem Doktor?«, beschied er seine besorgten Angehörigen. »Mir fehlt doch nix. Morgen steig ich wieder aufs Dach. Wir müssen es doch zukriegen, bevor's regnet.«

Bis auf eine Beule am Hinterkopf ließen sich tatsächlich keine Verletzungen entdecken. Doch am nächsten Tag stand er nicht auf. Er fühle sich so müde und schlapp, meinte er. Vielleicht morgen, sagte er. Auch die folgenden Tage verbrachte er im Bett, und niemand drängte ihn, aufzustehen. Er schlief viel und nahm nur wenig Nahrung zu sich. Sein Appetit wurde von Tag zu Tag weniger und die Zeit, die er wach war, ebenfalls.

Am vierzehnten Tag nach dem Unfall fand die Walburga ihn morgens tot im Bett vor. Er war zweiundsiebzig Jahre alt geworden und vermutlich an inneren Verletzungen gestorben. Wie üblich wurde er in der Stube aufgebahrt, wo ihm am Abend viele die letzte Ehre erwiesen und den Rosenkranz beteten. Am dritten Tag dann lud man den Sarg auf den kleinen Wagen, spannte ein Ross davor, und der Martin trat seine letzte Fahrt an. Während bei einer Frau zwei Mädchen das Kreuz und die Laterne vorantragen, machen das bei einem Mann zwei Buben. Die Aufgabe, das schwere Sterbekreuz zu tragen, übernahm ein Zwölfjähriger aus der Nachbarschaft, der erst siebenjährige Enkel Martin durfte die Laterne tragen.

In der Kirche war eine große Trauergemeinde um den Sarg versammelt, woran sich ablesen ließ, wie bekannt und beliebt der Gstatter-Martin gewesen war. Als man den Sarg in die Gruft hinabsenkte, vergoss ich bittere Tränen, weil mich wieder ein Mensch verlassen hatte, der immer gut zu mir gewesen war und dem ich viel verdankte. Beim anschließenden Leichenschmaus im Wirtshaus, zu dem nur die Verwandten geladen waren, traf ich meine Großmutter Gertraud und meine Mutter wieder, die ich seit der Hochzeit vom Max und von der Walburga nicht mehr gesehen hatte. Außer dass wir uns grüßten und voneinander verabschiedeten, redeten wir nichts miteinander. Über was auch? Die Fragen, die mir auf der Seele brannten, hätte sie mir mit Sicherheit nicht beantwortet. Sie hatte zum Breispiel einen mir unbekannten Mann an ihrer Seite. Da sie es nicht für nötig hielt, mir diesen vorzustellen, nahm ich mir vor, bei der nächsten passenden Gelegenheit meine Ziehmutter danach zu fragen.

Meine Mutter Kathi

Meine Ziehmutter Walburga war eine moderne, auf-
geschlossene Frau. Jedes von ihren Kindern, wozu sie
auch mich zählte, konnte mit seinen Problemen zu
ihr kommen und über alles mit ihr reden. Na ja, nicht
über alles, denn sexuell aufgeklärt wurden wir nicht.
Das bisschen, was wir zu Beginn unseres Erwachse-
nenalters über die Entstehung menschlichen Lebens
wussten, ist uns irgendwann von älteren Mitschü-
lern oder Mägden hinter vorgehaltener Hand zuge-
flüstert worden. Und was einem nicht direkt gesagt
wurde, das reimte man sich selbst zusammen – auf
einem Bauernhof hatte man ja genügend Gelegenheit, zu beobachten, wie die Fortpflanzung bei Tieren vor sich geht.

Aber über alles andere redete die Walburga recht
freimütig. Und so war ich auch nicht sonderlich
erstaunt, als sie mich auf dem Heimweg vom Begräb-
nis des Großvaters direkt auf meine Mutter ansprach.
Völlig unvermittelt fragte sie: »Hast du den Mann
neben deiner Mutter bemerkt?«

»Freilich, ich wollt dich schon danach fragen.
Weißt du vielleicht, wer das ist?«

»Freilich weiß ich das.« Ihre Stimme klang so, als
ob sie froh sei, endlich diese Neuigkeit weitergeben
zu können. »Das ist der Huber-Franz. Den hat deine
Mutter letztes Jahr geheiratet.«

»Geheiratet?« Vor Überraschung riss ich Mund und Augen auf. »Warum hat sie mich dazu nicht eingeladen?«

»Es wurde nicht groß gefeiert, heißt es. Beide haben kein Geld, und außerdem sollte niemand mitkriegen, dass sie noch mehr ledige Kinder hat.«

»Noch mehr?« Ich kam aus dem Stauen nicht heraus. »Wie viele sind's denn?«

»Vier, wenn ich richtig informiert bin. Vier Dirndln, und jedes hat einen andern Vater.«

»Ja, Mutter, woher weißt denn du das alles? Seit die Kathi vom Moarhof weg ist, hat sie sich doch kaum mehr dort blicken lassen, und seit du da bist, schon gar nicht mehr.«

»O doch, als du klein warst, war sie immer wieder dort, aber daran wirst du dich nicht mehr erinnern können. Einmal, das weiß ich gewiss, du warst etwa drei alt, kam sie mit der kleinen Maria daher und wollte sie auf dem Hof abgeben.«

Aufgeregt unterbrach ich sie: »Dann war das also doch kein Traum!«

»Was meinst damit?«, fragte die Walburga verwundert.

»Ich seh es noch deutlich vor mir: Die Burgi und ich sitzen auf der Bank vor dem Haus und spielen mit unserer Puppe. Auf einmal kommt die Kathi den Berg herauf mit einem Kissenbündel im Arm und verschwindet so hastig im Haus, dass sie von mir gar keine Notiz nimmt. Dann hör ich laute Stimmen aus dem offenen Stubenfenster. Kurz darauf stürmt die Kathi mit ihrem Kissenbündel wieder an uns vorbei, ohne ein Wort oder einen Blick an uns zu verschwenden. Bis jetzt dachte ich immer, das hätt ich bloß geträumt.«

»Das war kein Traum«, versicherte mir die Walburga. »Das hast du wirklich erlebt. Ich selbst weiß die Geschichte nur von der Anna. Demnach muss die Kathi an einem Sonntag Ende August 1932 auf dem Moarhof gewesen sein. Der Bäuerin ging es zu der Zeit schon ziemlich schlecht, und sie lag sie in der Stube auf dem Kanapee, als deine Mutter hereinstürzte. ›Wen bringst uns denn da?‹, fragte der Martin, der gerade nach seiner Frau schaute. ›Hast etwa schon wieder einen Bankert?‹

›Ja, Moarbauer. Das ist die Maria. Ich weiß net, wohin mit ihr. Auf der Alm duldet sie mein Bauer nicht. Drum wollt ich halt fragen, ob bei euch bitt schön …‹

›Kathi‹, unterbrach er sie. ›Es ist nicht bös gemeint, aber du musst einsehen, dass das mit dem besten Willen nicht geht. Du siehst ja, die Anna ist sehr krank. Die kann sich kaum mehr um sich selbst kümmern, geschweige denn um ein Neugeborenes. Und deine Großmutter Eva, die schafft das mit ihren zweiundsiebzig auch nimmer. Wir müssen froh sein, dass sie noch mit der Burgi und der Anna zurechtkommt.‹

Verzweifelt soll deine Mutter ausgerufen haben: ›Aber irgendwo muss es doch bleiben. Ich kann's schließlich nicht dem Herrn Pfarrer als Findelkind vor die Tür legen.‹

›Nein, gewiss net. Es wird sich schon noch ein Platzerl für dein Dirndl finden, wenn auch nicht bei uns. Hat's denn keinen Vater?‹

›Schon, aber da kann's auch nicht hin. Der fährt immer in der Gegegend umeinander, weil er auf Montage arbeitet.‹

›Aha, und bei der Gelegenheit hat er bei dir ein bisschen montiert.‹ Über seinen eigenen Scherz musste der Martin dröhnend lachen, und selbst die Anna stimmte in sein Gelächter ein.

›Ihr habt leicht lachen‹, jammerte die Kathi. ›Und ich weiß net, wohin mit dem Kind. Ab Montag muss ich wieder auf die Alm. Bis dahin muss das Balg weg sein, hat mein Bauer gesagt.‹ Dann brach sie in Tränen aus.

Der Martin aber blieb hart: ›Weinen hilft jetzt auch nicht. Das hättest dir vorher überlegen müssen. Ein lediges Kind, das lass ich mir eingehen. Da warst noch unerfahren, doch ein zweites Mal hätt dir das nicht passieren dürfen.‹

›Er hat mir halt versprochen, dass er mich heiratet‹, schluchzte sie. ›Und ich hab's ihm geglaubt. Aber jetzt will er nix mehr davon wissen. Wenn ich jede heiraten wollt, die ein Kind von mir hat, käm ich als Bigamist vor Gericht, hat er gesagt.‹

›Ja, wenn der Kindsvater so ein Hallodri ist, weißt denn wenigstens, wo er daheim ist?‹

›Ja, in Inzell. Die Adresse seiner Eltern hab ich.‹

›Dann gehst halt zu denen. Die werden doch net wollen, dass ihr Enkelkind im Waisenhaus landet.‹

Daraufhin versuchte die Kathi es wirklich dort, aber die konnten oder wollten das Kind ebenfalls nicht nehmen. Immerhin fühlten sie sich zumindest so weit für das Kind verantwortlich, dass sie es bei Verwandten unterbrachten, wo es heute noch lebt.«

»Komisch, diese Geschichte hat mir Großmutter Eva verschwiegen«, meinte ich, »obwohl sie sonst recht gesprächig war.«

»Vielleicht hat sie gedacht, dass dich das nichts angeht«, versuchte die Walburga zu erklären. »Vielleicht hat sie aber auch nix davon gewusst. Deine Mutter war mit der kleinen Maria ja nur kurz im Haus. Wenn die Eva sich zu der Zeit in einem anderen Raum aufgehalten hat, muss sie nicht unbedingt etwas davon mitbekommen haben.«

Damit gab ich mich zufrieden. »Weißt du auch etwas über die anderen Kinder von der Kathi?«

»Freilich. Eines davon kennst sogar. Es ist die Kleine vom Vorderegger, die Burgi.«

»Die Burgi vom Vorderegger?« Vom Sehen kannte ich die natürlich. »Bist da ganz sicher?«

»Und ob! Ich bin schließlich ihre Godn (Patin). Deshalb hat deine Mutter das Dirndl ja Burgi genannt.«

»Und wieso lebt sie beim Vorderegger?«

»Im Mai 1941 war es, an einem Vormittag, ihr Großen wart alle in der Schule, die Kleinen spielten bei mir in der Küche, und alle anderen arbeiteten auf dem Feld. Da kam die Kathi bei mir an, hoch in anderen Umständen. Sie erzählte mir, sie dürfe das Kind, das in etwa vier Wochen kommen sollte, zwar bei dem Bauern, bei dem sie seit etwa einem Jahr arbeitete, zur Welt bringen und es auch vier bis fünf Wochen behalten, dann aber müsse es auf einen Pflegeplatz.

›Ja, Kathi, das tut mir furchtbar leid, falls du mit mir gerechnet hast‹, antwortete ich ihr, ›aber ich kann es nicht nehmen. Ich hab ja selbst erst vor vier

Wochen entbunden, und wie du siehst, sind die Rosa und der Martin auch noch klein. Aber ich wüsst einen Platz für dein Kind. Dein Onkel Leopold, ein Bruder deiner Mutter, hat beim Vorderegger eingeheiratet. Seine Frau hat mir erst neulich anvertraut, dass sie zu ihren zwei Buben gern ein Dirndl dazunehmen würde, weil sich bei ihr nichts mehr tut. Vielleicht hast ja Glück und bei dir wird's ein Dirndl, dann nehmen sie es gewiss.‹ Ja, und dann ist es tatsächlich wieder ein Dirndl geworden.«

»Und wer ist der Vater von der Burgi?«

»Das war ein braver Handwerksbursch aus Lofer, der leider, bevor's zum Heiraten kam, im Krieg gefallen ist.«

»Und das vierte Dirndl, was ist mit dem?«

»Das ist die Rosa. Die ist erst letztes Jahr geboren worden, kurz vor der Hochzeit, und wurde später für ehelich erklärt. Sie darf als Einzige bei ihren Eltern aufwachsen.«

»Das ist schon eigenartig«, stellte ich fest, nachdem wir das steilste Stück des Weges schweigend zurückgelegt hatten. »Da leb ich seit Jahren mit meinen Ziehgeschwistern zusammen, mit denen ich mich so gut verstehe, als wären sie meine leiblichen Geschwister, und hab selbst drei Halbschwestern, die ich aber nicht mal kenn.«

»Das stimmt nicht ganz«, klärte mich die Ziehmutter auf. »Die Burgi kennst wenigstens vom Sehen. Und es sind nicht drei Halbschwestern, die du hast, sondern vier.«

Ich lachte: »Willst mich wohl auf den Arm nehmen? So gut rechnen kann ich schon. Du hast gesagt, meine Mutter hat vier Dirndln. Eines davon bin ich, also kann ich nur drei Halbschwestern haben.«

Nun war es die Walburga, die jetzt lachte: »Bei deiner Rechnung hast du deinen Vater vergessen, den Bichler-Lorenz. Außer dir hat er eine weitere ledige Tochter, die müsst jetzt etwa vier Jahre alt sein. Vor ein paar Wochen hat er ihre Mutter geheiratet, und wenn ich mich nicht täusche, kommt da bald noch ein Halbgeschwisterchen an.«

Jetzt war ich doch sprachlos. Das waren auch wirklich viele Neuigkeiten auf einen Schlag – und das, obwohl ich immer der Meinung war, alles zu wissen. Anscheinend hatte ich meine Ohren doch nicht weit genug aufgesperrt, wenn die Erwachsenen miteinander tuschelten. Oder solche Dinge waren erst besprochen worden, wenn alle Kinder bereits im Bett lagen.

»Wieso kennst du dich eigentlich in allem so gut aus, was meine Mutter betrifft?«, wollte ich noch wissen.

»Ich kenn die Kathi schon von klein auf. Wir sind einige Jahre gemeinsam in die Schule gegangen. Und obwohl sie zwei Jahre jünger ist als ich, waren wir die besten Freundinnen. Zwar haben wir uns ein wenig aus den Augen verloren, weil ich gleich nach der Schule in Stellung ging, haben aber trotzdem einen lockeren Kontakt gehalten.«

Obwohl ich nun einigermaßen aufgeklärt war, was meine Familie anbetraf, machte mir eine Sache noch zu schaffen. »Das versteh ich schon, dass meine Mutter nicht will, dass ihr Ehemann von ihren ledigen Kindern erfährt. Was ich aber nicht versteh, ist die

Tatsache, dass sie sich in all den Jahren zuvor nicht um mich gekümmert hat.«

»Das siehst du falsch, Anna. Sie hat sich um dich gekümmert.«

»Davon hab ich aber nix gemerkt.«

»Du nicht, aber ich. Immer wieder hat sie nachgefragt, wie es dir geht und was du machst. Und sie hat sich gefreut, dass du dich bei deiner Ziehmutter Anna und später bei mir wohlgefühlt hast.«

Diese Auskunft freute mich, aber sie stellte mich nicht ganz zufrieden. »Ich seh ja ein, dass sie wenig Zeit hatte, aber ab und zu hätt sie mich doch mal besuchen können.«

»Dass sie nicht kam, hatte ebenfalls seinen Grund. Jeder Besuch hätte euch aus dem seelischen Gleichgewicht gebracht, und das wollte sie euch beiden ersparen. Mit ihren anderen Töchtern hat sie es wohl ebenso gehandhabt.«

Ich nickte und sah meine Mutter plötzlich in einem anderen Licht. Und trotzdem! »Warum setzt sie bloß ein lediges Kind nach dem anderen in die Welt, wenn sie genau weiß, dass sie sich nicht darum kümmern kann? Das finde ich ziemlich verantwortungslos.«

Meine Ziehmutter seufzte. »Irgendwie hast du recht. Das ist auch der Grund, warum ich dir so lang nichts über deine Mutter erzählt hab. Ich wollt warten, bis du alt genug bist, um alles zu begreifen. Schau, deine Mutter ist kein schlechter Mensch, nur ein sehr schwacher und unglücklicher. Nach ihrem ersten Fehltritt, der aus Unwissenheit geschah, hat sie bei ihrer Suche nach einem Ehemann viel Pech gehabt.«

»Was heißt Pech gehabt? Sie hätt sich halt nicht gleich mit jedem einlassen sollen.«

»Das sagst du so in der Unschuld deines Herzens. Du glaubst gar net, wie einem die Männer schöntun können, und ehe man sich versieht, ist es passiert. Schau, ich hab auch drei ledige Kinder gehabt, bis ich endlich zum Heiraten gekommen bin.«

»Ja, aber alle von demselben Mann. Das macht schon einen Unterschied.«

»Ich hab eben mehr Glück gehabt als deine arme Mutter. Du solltest nicht so hart über sie urteilen. Sei lieber froh, dass sie am Ende doch noch hat heiraten können, auch wenn der Franz ein armer Teifi ist. Vielleicht findet sie bei ihm trotzdem das Glück, nach dem sie so lang vergeblich gesucht hat.«

Dass sich die Walburga so vehement für meine Mutter einsetzte, machte sie mir noch sympathischer. Und ich war ihr dankbar, dass sie mir einen Weg wies, meine Mutter mit anderen Augen zu sehen als bisher und ihr die gebührende Achtung entgegenzubringen.

Sennerin beim Sammerbauern

Auf dem Moarhof ging das Leben auch nach dem Tod des Altbauern seinen gewohnten Gang. Jeder war mit so viel Arbeit eingedeckt, dass für Trauer kaum Zeit blieb. Nur abends in der Stube wurde immer wieder mal von ihm gesprochen: über seine Vorzüge ebenso wie über seine Eigenheiten. Und es tat mir gut, wenn er schon nicht mehr unter uns war, wenigstens allerlei Geschichten über ihn zu hören. Aber ich blieb nur noch kurz auf dem Moarhof, denn am 1. Dezember 1947 trat ich meinen ersten Dienst an. Beim Hirschbichler brauchten sie eine Aushilfsmagd, weil Loni, die Dirn dort, auf dem Eis, das sich unterhalb des Regenrohrs gebildet hatte, ausgerutscht war und mit einem gebrochenen Hax für mindestens sechs Wochen ausfallen würde. So lange sollte ich sie also vertreten.

Hatte sich der Winter sich im November eher mal aus Gaudi gezeigt und war gleich wieder verschwunden, so machte er im Dezember richtig Ernst. Pünktlich am ersten Adventssonntag rieselte wirklich leise der Schnee. Feine Flocken fielen sacht vom Himmel und verhüllten das Grau der Landschaft mit einem feinen weißen Tuch. Aber dann schneite es unaufhaltsam weiter, sodass alle besorgt zum Himmel blickten mit der Frage: »Will denn das gar nimmer aufhören?« Allmählich reichte es uns nämlich. Immerhin lag der

Schnee bereits zwei Meter hoch, was bedeutete, dass die Bergbauernhöfe von der Außenwelt abgeschnitten waren.

Ob es damals schon Schneefräsen gab, weiß ich nicht. Zumindest waren sie bei uns noch nicht bekannt. Unten im Tal wurde, wenn nötig, mit dem Schneepflug geräumt, vor den eines oder mehrere Rösser gespannt wurden. Auf unseren engen, steilen Wegen wäre das jedoch nicht möglich gewesen – da blieb nichts anderes, als den Schnee mit Manneskraft und Schaufeln zu beseitigen. Weil unsere wenigen Männern das aber nicht geschafft hätten, waren wir auf die Hilfsbereitschaft der Dorfbewohner angewiesen. Drunten merkte man aber nicht unbedingt, ob uns das »Wasser« bis zum Hals stand. Deshalb war ausgemacht, dass wir in einem solchen Fall nur einen Boten ins Tal zu schicken brauchten. Dann würde sofort ein Hilfstrupp anrücken, der von unten her begann, den Weg frei zu schaufeln. Mittlerweile aber lag der Schnee so hoch, dass zu Fuß kein Durchkommen mehr war und erst recht nicht mit Pferd und Schlitten. Wenn es einer schaffen würde, sich bis ins Dorf durchzuschlagen, dann war das der Sepp, der Sohn vom Hirschbichler. Der Sepp, zu der Zeit einundzwanzig Jahre alt, besaß nämlich etwas, worum ihn alle jungen Burschen in Gföll beneideten: Skier. Natürlich keine Luxusbretter, wie man sie heute kaufen kann, und auch nicht solche, mit denen die damaligen Wintertouristen herumfuhren. Nein, seine Skier bestanden aus einfachen Brettln, die er sich vom Dorfschreiner hatte zurechthobeln und zurechtbiegen lassen, mit einer selbst gebastelten

Bindung aus Lederabfällen, die er einfach an der entsprechenden Stelle aufgenagelt hatte. Man konnte gegen diese Skier sagen, was man wollte, sie waren besser als nichts. Und der Sepp glitt damit durch den Tiefschnee, dass die andern nur dumm schauen konnten.

Dennoch waren seine Eltern von Sorge erfüllt, als er sich an einem späten Vormittag anschickte, ins Dorf zu rutschen, um Hilfe fürs Schneeräumen anzufordern. Wie leicht konnte er bei dem Schneetreiben vom Weg abkommen und in die Tiefe stürzen.

»Gell, Bub, hältst dich immer dicht an der aufsteigenden Wand, damit du nicht zu nah an den Abhang kommst«, gab ihm seine Mutter als Rat mit auf den Weg.

»Ist schon recht, Mutter. Ich steh heut ja nicht das erste Mal auf den Brettern, ich weiß schon, wie ich fahren muss.«

Stöcke hatte er natürlich auch. Die hatte er sich aus Ästen selbst zurechtgeschnitzt, zwar nicht kerzengerade, aber unter heutigen Aspekten hochmodern. Schließlich werden bei Skirennen gebogene Stöcke verwendet. Wir beobachteten ihn also, wie er sich mit diesen Stecken schwungvoll abstieß und talwärts glitt, von aller Augen verfolgt, bis ihn der Vorhang aus Schneeflocken verschluckte. Unsere guten Wünsche und Gebete begleiteten ihn jedoch noch wesentlich weiter.

Während der Sepp unterwegs war, machten sich oben alle verfügbaren Männer von den verschiedenen Höfen sogleich ans Schneeräumen. Das war insofern einfach, als man die weiße Pracht einfach nur den Steilhang hinunterzuwerfen brauchte. Mein Bauer, der Hirschbichler-Sepp senior, der etwa fünfzig Jahre alt war, half selbstverständlich bei dieser Räumaktion eifrig mit. Dabei geriet er – wie alle anderen auch – trotz der Minusgrade ganz schön ins Schwitzen. Nach zwei Stunden waren alle so kaputt, dass sie eine Rast einlegen mussten, bevor sie mit neuer Kraft bis zur Erschöpfung für den Rest des Tages weiterarbeiteten. Da sein Junior bereits seit einigen Stunden von zu Hause fort war, begann sich der alte Hirschbichler Sorgen zu machen. Unruhig rannte er in der Küche auf und ab.

»Wo der Bub nur bleibt?«, stieß er ein ums andere Mal aus.

»Durch dein Hin- und Herrennen kannst ihn auch nicht herbeizaubern«, wies ihn seine Frau zurecht. »Das kannst dir doch denken, dass er für den Aufstieg wesentlich länger braucht als fürs Abfahren.«

Bald litt es den Bauern nicht mehr länger im Haus. Immer wieder lief er vor die Tür, spähte talwärts und versuchte, mit seinen Blicken den grauweißen Schneeschleier zu durchdringen.

»Zieh doch wenigstens deine Joppen drüber, wennst nach draußen rennst«, ermahnte ihn seine Frau.

»Wozu? Mir ist net kalt.«

»Das glaub ich dir gern. Aber du bist vom Schneeschaufeln nass geschwitzt, und da wirst dich bei dem Wind verkühlen.«

»Das dauernde An- und Ausziehen lohnt doch nicht«, war seine Antwort. »Ich bleib ja immer nur ein paar Minuten draußen.«

Von Mal zu Mal blieb er jedoch länger draußen, ohne es allerdings zu bemerken. Auf einmal bewegte sich tatsächlich etwas von unten auf ihn zu. War das vielleicht sein Junior, was sich da als grauer Fleck durch die fallenden Schneeflocken bewegte? Erwartungsvoll blieb er stehen, bis er sich davon überzeugen konnte, dass es sich tatsächlich um seinen Sohn handelte. Voll Freude und Erleichterung lief er ihm auf dem bereits geräumten Stück entgegen, den scharfen Winterwind nicht achtend. Überglücklich schloss er seinen Buben in die Arme – was bei uns sonst eher nicht der Brauch ist –, um gemeinsam mit ihm das letzte Stück des Weges mit ihm zurückzulegen.

In dem Moment, als sie die Haustür erreicht hatten, vernahmen sie ein Rauschen, als ob sich der Wind in einen Sturm verwandelt hätte. Erschrocken blickten sich die beiden um. Dann wurden sie Zeuge eines Schauspiels, das ihnen das Blut in den Adern gefrieren ließ. Eine gewaltige Lawine wälzte sich an ihnen vorbei und nahm genau den Weg, den Vater und Sohn vor wenigen Sekunden gegangen waren und den der Sepp weiter unten hinaufgestiegen war. Mit dem Rücken zur Haustür, sich bei der Hand haltend, blieben sie stehen und kamen gar nicht auf die Idee, sich ins rettende Haus zu flüchten. Wie gelähmt verfolgten sie diese Urgewalt, die ins Tal stürzte. Gleichzeitig entsetzt und fasziniert nahmen sie gar nicht wahr, dass ihnen die Schneeteilchen nur so ins Gesicht peitschten. »Mein Gott, Bub«, atmete Sepp senior auf, als das Spektakel vorbei war, »wenn du nur ein paar Sekunden später gekommen wärst, dann hätt's dich erwischt.«

»Ja, und dich gleich mit, Vater, weil du mir ja entgegengekommen bist.«

Wir anderen im Haus hatten von der ganzen Gaudi nichts mitbekommen und waren einigermaßen erstaunt, als die beiden zitternd und völlig durchnässt die Küche betraten.

»Da bist ja, Bub. Gott sei Dank«, rief die Mutter erfreut aus, als sie ihn erblickte.

»Ja«, bekräftigte der Bauer. »Dem Herrgott können wir gar nicht genug danken. Ihr könnt euch nie und nimmer vorstellen, wie knapp wir davongekommen sind.«

Dann sprudelten die beiden ihr Erlebnis aufgeregt heraus, während wir kaum begreifen konnten, was sich so knapp vor unserer Haustür abgespielt hatte. Damit war das Abenteuer jedoch noch nicht ausgestanden, denn beim Abendessen überfiel den Bauern ein Schüttelfrost.

»Siehst, Sepp, ich hab dir gleich gesagt, zieh deine Joppen über«, war der erste Kommentar seiner Frau. Danach packte sie ihn samt einem angewärmten Ziegelstein ins Bett und flößte ihm Holundertee ein.

Am nächsten Morgen hatte der Bauer hohes Fieber. Zum Doktor konnte man niemanden schicken, weil alles bereits mühsam Freigeschaufelte von der Lawine wieder zugeschüttet worden war. Den Sepp noch mal mit den Skiern zu Tal zu schicken, wäre in dem Fall sinnlos gewesen, weil der Arzt ja heraufgemusst hätte, was auch nur mit Brettern, auf die man Felle zog, möglich war. So etwas besaß der gute Doktor aber nicht. Es blieb also nichts anderes übrig, als abzuwarten.

Sobald der Schneefall endlich aufhörte, kamen die Männer von beiden Seiten mit dem Schneeräumen zügig voran, und nach drei Tagen trafen sich die beiden Räumtrupps etwa auf halbem Weg. Der junge Hirschbichler bat einen der Männer des Dorfes, er möge ihnen den Arzt heraufschicken, weil es um seinen Vater nicht gut stehe. Er huste ganz furchtbar und habe fast vierzig Grad Fieber. Vermutlich wäre es schon höher gestiegen, wenn man ihm nicht immer wieder kalte Wadenwickel gemacht hätte.

Am nächsten Tag stand der Arzt dann am Bett unseres Patienten, der schon anfing, wirres Zeug zu reden, und stellte nach dem Abhorchen fest: »Er hat eine anständige Lungenentzündung. Mit der ist nicht zu spaßen. Viel kann ich dagegen nicht tun, aber du solltest ihm weiterhin Wadenwickel machen«, riet er der Ehefrau, »damit das Fieber ihn nicht umbringt. Und gib ihm viel zu trinken, damit er besser abhusten kann und nicht austrocknet. Zusätzlich legst ihm warme Brustwickel auf, etwa stündlich. Im Übrigen hilft nur noch Beten. Wenn er's in fünf Tagen derpackt hat, dann hat er's derpackt.«

Die fünf Tage Bangen und Beten in diesem Haus werde ich nie vergessen, aber am Ende hat unser Bauer es derpackt. Als im Mai der letzte Schnee bei uns verschwunden war, unternahmen der Bauer und die Bäuerin zusammen eine Wallfahrt nach Maria Kirchental. Fünf Stunden dauerte allein der Hinweg – egal, ob man über die Landstraße ging oder den Fußweg benutzte. Der Bauer steckte der Muttergottes eine Kerze auf. Die hatte er ihr für die Rettung seines Sohnes an dem bewussten Lawinentag versprochen. Und die Bäuerin zündete ihr eine Kerze an für die Genesung ihres Mannes, die hatte sie der heiligen Jungfrau an seinem Krankenlager versprochen. Das erzählte sie mir einmal, als wir uns beim Heumachen trafen. Denn zu dieser Zeit war ich schon längst nicht mehr auf dem Hirschbichlhof. Nachdem die Loni ihren gebrochenen Hax wieder voll belasten konnte, war ich am 1. Februar zu meiner Familie zurückgekehrt.

Am Abend des 14. November 1948 saßen wir – meine Pflegeeltern und ihre Töchter Elisabeth, Marianne und Rosa sowie der Großknecht, der Rossknecht, die Dirn und ich – nach einem harten Arbeitstag gemütlich beisammen in der Stube. Die Burgi war mit ihrer Herde vor zwei Tagen wieder auf die Alm gezogen, nachdem die Kühe das Gras um den Moarhof herum abgeweidet hatten.

Wie immer legte niemand die Hände in den Schoß. Der Bauer und die Knechte schnitzten neue Zinken für die Heurechen, um die abgebrochenen ersetzen zu können. Die Walburga, die Elisabeth und ich ließen die Spinnräder schnurren, dass es eine Freude war, und die Rosa sowie die Dirn stopften Strümpfe und Socken. Denn seit die Kleinen – der Martin, acht, die Erika, sieben, und der Max, drei Jahre – auf der Welt waren, konnten wir uns vor Löchern in den Strümpfen kaum retten. Bei uns lief man nämlich im Haus den ganzen Tag auf Strümpfen oder Socken herum.

Vor die Haustür, die den ganzen Tag über offen blieb, war längst der Riegel geschoben worden, weil so spät niemand mehr erwartet wurde. Deshalb zuckten wir zusammen, als wir plötzlich ein Pochen vernahmen. Seit Kriegsende waren immerhin erst drei Jahre vergangen, und es kam noch immer vor, dass vereinzelt heimatlose Zwangsarbeiter oder entlassene Kriegsgefangene umherirrten. Mutig schritt unser Bauer zur Tür und fragte mit seiner Bärenstimme: »Wer ist draußen?«

»Ich bin's, der Sammerbauer.«

»Ja, Gregor, hast nix Besseres zu tun, als nachts die Leut zu erschrecken?«, polterte der Maximilian los, während er den Riegel zurückschob.

»Tut mit leid, Max. Früher hab ich's leider net geschafft. Ich hätt was Wichtiges mit dir zu bereden«, hörten wir den Besucher bis in die Stube hinein.

»Ist schon recht, Gregor. Nur rein in die Stube, da verhandelt sich's besser.«

Vom Sehen kannten wir ihn natürlich alle, wie man halt seine Nachbarn so kennt, wenn man auf nebeneinanderliegenden Feldern zu tun hat, und bei uns im Haus hatten wir ihn zumindest einmal gesehen, als für den alten Gstatter der Rosenkranz gebetet wurde. Aber sonst machte man kaum Nachbarschaftsbesuche. Deshalb starrten wir den großen, bärtigen Mann mit dem sonnenverbrannten Gesicht alle neugierig an.

Die beiden Männer nahmen am Esstisch Platz, und unser Bauer eröffnete das Gespräch: »Und was gibt's so Wichtiges, Gregor, dass du dich im Dunkeln noch hertraust?«

Ja, das interessierte uns andere auch, und neugierig sperrten wir die Ohrwascheln weit auf, um nur ja nichts zu verpassen, arbeiteten dabei allerdings mechanisch weiter.

»Eine Sennerin bräucht ich halt.«

»Eine Sennerin?«, wiederholte der Vater. »Wieso das? Du hast doch die Josi. Die ist noch jung und rüstig genug.«

»Ja, ja«, lachte er. »Zu jung und zu rüstig ist die. Ich dacht, da droben auf der Wildalm ist sie weit genug von allen Mannsbildern weg. Aber gestern, als sie mit unseren Viechern wieder auf die Alm sollt, gesteht sie mir, dass da so ein Wilderer dahergekommen ist, einer von auswärts, einer, dem der Forstmeister auf den Fersen war. Der hat sich bei ihr versteckt.«

»Ja, jetzt wird's heiter«, rief der Max dazwischen. »Was brauchen wir auswärtige Wilderer? Bei uns gibt's doch selbst genug davon. Die lassen wenigstens die Sennerinnen in Ruh.«

»Eben, das sag ich auch. Das wär aber nicht weiter tragisch gewesen«, fuhr der Gregor fort. »Aber dass der Kerl sie gleich schwängern musste, das hätt's nicht gebraucht.«

»Aha! Und jetzt schmeißt sie raus mit ihrem ledigen Kind?«

»Naa, was denkst denn von mir? Ich bin doch kein Unmensch. Von mir aus könnt's im Sommer mit ihrem Bankert auf der Alm hausen und im Winter bei uns am Hof. Aber heiraten möcht sie den Kerl nun.«

»Was, heiraten?«, fragte der Maximilian verblüfft. »Einen Wilderer wills' heiraten? Ja, spinnt denn die?« Mir entging nicht, dass der Ziehvater dem Gregor bei dieser Frage vertraulich zublinzelte. »Oder arbeitet der noch etwas, wovon man leben kann?«

158

Unterdessen waren unsere Augen und Ohren immer größer geworden. Jetzt sperrten wir vor Staunen gar den Mund auf und wurden in unseren Tätigkeiten zusehends langsamer. Jede von uns war äußerst gespannt auf den Fortgang der Geschichte. Der Sammer, sich der Wichtigkeit seiner Mitteilung voll bewusst, schaute sich genießerisch um. »Was seid's auf einmal so still? Gell, da staunt's, was ich euch am späten Abend noch für Neuigkeiten bring!«

Wir alle nickten stumm, einschließlich unseres Bauern.

»Ja, ein Wilderer ist er schon, der Liebhaber von unserer Josi«, baute er seine Erzählung aus. »Aber kein gewöhnlicher.«

Wieder legte er eine Pause ein, um die Wirkung seiner Worte auszukosten.

»Er ist ein Jungbauer aus Schneizlreuth. Der wildert nicht aus Not, sondern nur zur Gaudi. In ein paar Jahren wird sein Vater ihm einen anständigen Hof übergeben. Für den braucht er dann eine tüchtige Bäuerin. Und tüchtig ist die Josi, das ist gewiss.«

»So ist das also«, mischte sich meine Pflegmutter nun in die Unterhaltung ein. »Vermutlich wird sie nicht viel Freude an ihrem Ehemann haben. Die Katze lässt das Mausen nicht!« Bei dieser Äußerung bedachte sie ihren Gatten mit einem sorgenvollen Blick.

»Was willst jetzt damit sagen?«, wollte der wissen.

»Du weißt genau, was ich mein'. Wenn einer aus Not wildert, der hört damit auf, wenn die Not vorbei ist. Aber einer, dem die Jagdleidenschaft im Blut steckt, der macht so lang weiter, bis es ihn doch mal erwischt.« Dabei zwinkerte sie ihm mit einem Auge zu. »Wenn er Glück hat, wird er nur für ein paar Wochen eingesperrt. Wenn er Pech hat, trifft ihn mal die Kugel eines Jägers ins Herz.« Sie seufzte abgrundtief.

»Ach, so schwarz darfst das net sehen«, wehrte der Gregor ab. »Ich gönn der Josi ihr junges Glück. Aber ich steh jetzt ohne Sennerin da.«

»Deshalb bist ja wohl gekommen und nicht nur, um Neuigkeiten rumzutratschen«, erinnerte ihn der Maximilian an den eigentlichen Zweck seines Besuchs.

»Hast recht, Max. Dirndln habt's ja genug, und ich hab eine ganz bestimmte im Auge.«

»Und die wäre?«, fragte die Walburga.

»Die Anna möcht ich gern, wenn's recht ist. Mir ist schon vor einiger Zeit aufgefallen, dass sie recht tüchtig ist und auch mit Viechern gut umzugehen weiß.«

»Das stimmt«, bestätigte meine Ziehmutter. »Das richtige Alter, um allein auf die Alm zu gehen, hats' mittlerweile auch. Und einmal muss es ja sein, dass sie auf eigenen Füßen steht.«

»Also, bist du einverstanden, Max? Dann schlag gleich ein.«

Der Sammer hielt meinem Pflegevater seine rechte Pratze hin, und der schlug kräftig ein. Ich hatte mit dem Spinnen aufgehört, sobald mein Name fiel. Wie ein Kuhhandel, dachte ich, mich fragt niemand, und schon hörte ich den Gregor sagen: »Also abgemacht. Morgen um fünfe solls' rüberkommen, damit sich unsere Viecher an sie gewöhnen. Am Montag geht's

160

dann auf die Futteralm.« Damit war das Gespräch beendet, der Max begleitete den Sammer zur Tür und schob den Riegel wieder geräuschvoll vor.

»Ja, Anna, dann stehst ab morgen auf eigenen Füßen«, nahm die Ziehmutter das Gespräch wieder auf. »Abgehen wirst mir schon. Aber so ist halt das Leben. Die einen kommen, die anderen gehen. Musst gleich dein Zeug zusammenpacken, denn morgen in der Früh bleibt nicht viel Zeit.«

Am nächsten Morgen stand ich pünktlich in meiner Arbeitskleidung beim Sammer vor der Tür. Mit Begrüßen und Fragen hielt man sich nicht lange auf, sondern brachte mich gleich in den Stall, wo dreißig prächtige Kühe in zwei Reihen standen. Dazu gab es noch eine Menge an Jungvieh. Bevor ich mich auf den Melkschemel setzte, führte mich die Bäuerin an der rechten Reihe entlang und erklärte: »Heut Morgen melkst du diese Seite. Bei der da und bei der«, sie tippte mit dem Finger auf die Kehrseite der Tiere, »musst aufpassen. Die da tritt gern aus, wennst ein bisschen fest melkst, und die da, die schmeißt schon mal den Melkeimer um. Das sag ich dir nur, damit du ihn besonders festhältst.«

Am Abend machten wir es umgekehrt. Die Sammerin übernahm die rechte Seite und ich die linke. Auf dieser Seite gab es ebenfalls eine Kuh, bei der sie mich zur Vorsicht mahnte. Im Stall, wo sie ordentlich in Reih und Glied standen, brauchte ich nur abzuzählen, um die problematischen Tiere zu finden. Damit ich sie aber auch auf dem Futterhof wiedererkennen würde, schaute ich mir die »Sorgenkinder« gewissenhaft von vorn an und prägte mir einige

Merkmale ein. Man möchte es nicht glauben, aber jedes Rindvieh hat ein anderes Gesicht.

Da es bis zum abendlichen Melken allerdings noch eine Weile hin war, lernte ich zwischenzeitlich die Bewohner des Hauses kennen sowie den Tagesablauf auf dem Hof, der dem unseren sehr ähnlich war. Nach dem Frühmelken ging's erst mal in die Küche zum Frühstück, Mehlmus aus der Pfanne genau wie bei uns. Daran nahmen außer der Dirn und dem Rossknecht die fünf munteren Söhne des Hauses teil, wobei ich den ältesten, den Rupert, bereits von klein auf kannte, weil wir acht Jahre miteinander die Schulbank gedrückt hatten. Dann war da noch der Gregor junior, elf Jahre alt, der Franzi, neun, der Wastl, sechs und der Peter, fünf Jahre alt. »Wir brauchen keine fremden Knechte nicht«, erklärte mir der Hausherr nicht ohne Stolz. »Der Rupert ist sehr tüchtig, der ist Knecht und Großknecht in einem.«

Zum Mittag sollte es Kasnocken geben, eine meiner Leibspeisen. Die Bäuerin stellte alles, was dazu benötigt wurde, auf den Tisch und wollte mir das Feld überlassen. Ich stand jedoch da wie das Kind beim Dreck und schaute die Bäuerin hilflos an.

»Wie? Hast noch nie Kasnocken gemacht?«, fragte sie erstaunt.

»Nein, hab ich net. Meine Pflegemutter lässt an ihren Herd niemanden heran.«

»Großer Gott«, rief die Sammerin und machte sich nicht nur selbst ans Werk, sondern erklärte mir dabei jeden ihrer Handgriffe. Diese kurze Kochlektion sollte für mein ganzes Almleben von großer

Bedeutung werden, denn Kas gab's auf der Alm ja genug, und Mehl lieferte man mir immer reichlich.

Am nächsten Morgen, dem 16. November, sollte es losgehen. Noch am Tag zuvor, einem Sonntag, hatte ich bedenkliche Blicke zum verregneten Himmel geschickt. Das konnte ja ein heiterer Aufstieg werden, seufzte ich, doch zu meiner Überraschung war der nächste Morgen trocken und klar. Sobald sich der erste helle Schein über die Bergspitzen gewagt hatte, brach ich mit meiner Herde auf, mit den Kühen, dem Bullen, den Jungtieren sowie vier oder fünf Ziegen nebst Bock. Der Weg zur Futteralm des Sammerbauern war mir bekannt, weil sie in derselben Richtung lag wie die unsere. Aber selbst wenn ich den Weg nicht gewusst hätte, wäre ich einfach hinter den Kühen hergelaufen, denn die kannten sich aus. Außerdem war als zweiter Treiber der Rupert mit von der Partie, weil es immer wieder vorkam, dass sich eines der Kälber selbstständig machte und nach links oder rechts auszubrechen versuchte.

Schon nach halber Wegstrecke erkannte ich, dass der gestrige Niederschlag hier oben als Schnee heruntergekommen war. Also würden meine Tiere im Freien nichts zu fressen finden. Nach einer guten Stunde hatten wir den Futterhof erreicht. Zielstrebig marschierten die Kühe auf den Stall zu, gefolgt von den Jungtieren und den Ziegen. Jede fand sofort ihren angestammten Platz, sodass wir sie nur anzuketten brauchten, wie das damals noch allgemein üblich war. Dass man Rinder frei im Stall herumlaufen lässt, wie das heute vielerorts gehandhabt wird, halte ich für grundverkehrt. So ein Stall ist für mich ein Saustall und ein Faulenzerstall. Man meint vielleicht, man tut den Tieren damit was Gutes, in Wirklichkeit ist es aber eine Quälerei. Wenn die Rinder frei im Stall herumlaufen, ist die Verletzungsgefahr durch die Hörner viel zu groß. Und ihnen die Hörner abzusägen, ist auch keine gute Idee. Ja, wissen wir denn, ob ihnen das nicht wehtut? Bei mir jedenfalls sind die Kühe nie frei im Stall herumgelaufen. Sie wurden täglich ausgemistet, von Kopf bis Fuß geputzt und bekamen frische Streu. Mich hat mal jemand, der mich eine Weile dabei beobachtete, gefragt: »Ja, putzt du deine Kühe etwa am Sonntag auch?«

»Freilich«, habe ich geantwortet. »Warum fragst? Wäschst du dich etwa am Sonntag nicht?«

Meine Kühe jedenfalls – so hatte ich das zu Hause gelernt – wurden täglich mit Bürste und Striegel bearbeitet. Ein Striegel ist eine Metallplatte mit kurzem Griff, auf der quer verlaufende, gezackte Metallleisten angebracht sind, mit denen sich, wenn die Bürste nicht ausreicht, verkrusteter Kot von der Tierhaut abkratzen lässt. Wenn man die Kühe täglich putzt, bereitet das keine Schwierigkeiten. Sie mögen das sogar gern und halten ganz still.

Auch die Ziegen hatten im Stall ihre festen Plätze und wurden angebunden. Alle Bauern in Gföll hielten sich Ziegen. Deren Milch stand in erster Linie den Zicklein, die man verkaufte, zur Verfügung, wurde aber auch als Säuglingsnahrung – für Kinder mit Kuhmilchunverträglichkeit – sowie als Schonkost für alte und kranke Menschen verwendet. Wenn genug Ziegenmilch anfiel, machte man außerdem

Käse davon. Nie habe ich allerdings erlebt, dass wir selbst ein Zicklein geschlachtet und gegessen hätten, weder auf dem Moarhof noch auf dem Sammerhof.

Zu jeder kleinen Ziegenherde gehörte selbstverständlich ein Bock, der im Winter mit den Ziegen im Kuhstall stand und in der übrigen Jahreszeit mit ihnen auf die verschiedenen Almen wanderte. Es herrschte allgemein die Meinung, dass es gesünder für die Tiere sei, wenn ein Geißbock im Stall stünde. Ob da was dran oder ob das blanker Aberglaube ist, kann ich nicht beurteilen. Fest steht nur, dass die Burgi und ich als Kinder viel Gaudi mit unserem Bock hatten. Da er den ganzen Winter über bei uns im Stall stand, hat Burgis Vater, also der Max, ihn manchmal vor unseren Rodelschlitten gespannt. Dann hat sich die eine auf den Schlitten gesetzt und sich vom Bock ziehen lassen, die andere hat das Tier geführt. Ich besitze heute noch ein Foto, das einer unserer Urlauber knipste, denn auf dem Moarhof wurden bereits ab 1930 Feriengäste aufgenommen, um die Haushaltskasse ein bisschen aufzubessern. Dreieinhalb Schilling, umgerechnet fünfzig Pfennig, zahlte man damals pro Person und Tag für die Übernachtung. Ansonsten versorgten sich die Gäste selbst und bereiteten sich ihre Mahlzeiten in unserer Küche zu. Vieles brachten sie mit, aber manchmal kauften sie uns ein paar Eier ab oder Brot, Käse und Speck.

Aber zurück zu meiner Futteralm. Der Rupert und ich waren gerade mit dem Festmachen der Viecher fertig, als auch schon der Bauer mit dem Schlitten kam, um mir meine persönliche Habe sowie Verpflegung für die nächsten Wochen zu bringen

– Lebensmittel also, die sich lange hielten und die es auf der Alm nicht gab wie Kartoffeln, Mehl, etwas Zucker und ein paar Eier. Ja, sogar ein Stück Käse war dabei, denn auf dem Futterhof wurde kein Kas gemacht, nur Milch und Butter.

Zeigen und erklären brauchte man mir in Hütte und Stall nicht viel, denn es sah alles sehr ähnlich aus wie auf unserem Futterhof. Die Bauweise der Hütte, die Stube, die Küche, die Kammer, es war grad alles wie bei uns. Sogar die Gerätschaften stimmten mit den unseren überein und standen fast haargenau an der gleichen Stelle, und der Stall befand sich, wie bei uns, in einiger Entfernung zum Wohngebäude. Anscheinend hat sich diese Anordnung seit Jahrhunderten bewährt, dachte ich.

Dennoch überkam mich ein komisches Gefühl, nachdem der Bauer und der Rupert sich verabschiedet hatten. Jetzt saß ich hier oben mit meinen Tieren und hatte ganz allein die Verantwortung für sie – nicht nur für ihr Wohl und Wehe, sondern auch dafür, dass ich einen möglichst hohen Ertrag erwirtschaftete. Aber das bereitete mir keine Sorgen, denn im Laufe meiner Kindheit und Jugend hatte ich schließlich alles gelernt, was man als Sennerin können musste. Wenn man schon im Alter von sechs Jahren zu allen möglichen Arbeiten herangezogen wird, dann geht einem das in Fleisch und Blut über. Nein, etwas anderes verursachte mir Unbehagen, doch ich wusste es nicht zu benennen. Angst vielleicht, dachte ich. Immerhin war ich zum allerersten Mal völlig auf mich gestellt, Früher, auf den verschiedenen Almen des Moarhofs, war immer mein Ziehvater Martin dabei gewesen, sodass ich mich sicher und geborgen fühlte. Zudem hatte ich nie zuvor allein irgendwo anders geschlafen. Mir stand also die erste Nacht bevor, die ich mutterseelenallein in einer gottverlassenen Gegend verbringen würde.

Ich schob die trüben Gedanken beiseite und machte mich an die Arbeit. Als Erstes wollte ich ein Feuer anzünden, um die ungemütliche Kälte zu vertreiben, die sicher auch nicht gerade dazu beitrug, die Stimmung zu heben. Und wirklich fühlte ich mich, als es in der offenen Feuerstelle der Hütte lustig prasselte und flackerte, gleich viel besser. Von der Küche her zog die Wärme gleich in die Stube, sodass ich mich gut dort aufhalten konnte. Ich seufzte erleichtert auf. Vorsorglich schaute ich draußen nach, ob auch wirklich für den Winter genug Holz vorhanden war, diese Sorge erwies sich als unbegründet. Die Bauern auf den Berghöfen fuhren im Winter fürs Forstamt mit ihren Schlitten Holz, um sich zusätzlich Geld zu verdienen. Willkommen war auch das sogenannte Rechtholz – das heißt, dass jedem Bauern eine bestimmte Holzmenge als Brennmaterial zustand.

Nachdem ich es gemütlich warm hatte, räumte ich meine Lebensmittel in die Speisekammer, richtete mein Bett her und verstaute meine Kleidung im Kleiderkasten. Anschließend trat ich vors Haus, um Wasser zu holen, damit ich nicht im Finstern zum Brunnen musste. Geblendet blieb ich vor der Tür stehen, kniff die Augen angesichts der plötzlichen Helligkeit zusammen und ließ meine Blicke über die im gleißenden Sonnenlicht liegende Bergkette schweifen.

Wie wunderschön war doch diese Welt! Da gab es für mich bestimmt keinen Grund, mutlos zu sein. Mit Gottes Hilfe werde ich es schon schaffen, sagte ich mir und machte mich wieder an die Arbeit.

Bald war es an der Zeit, mich um die Kühe zu kümmern. Mit Füttern, Tränken, Misten, Einstreuen und Melken gingen schon einige Stunden drauf, denn immerhin musste ich dreißig Kühe versorgen, während mir auf dem Hof zumindest beim Melken die Bäuerin zur Hand gegangen war. Obwohl ich anschließend rechtschaffen müde war, konnte ich noch nicht an Feierabend denken, denn zuerst musste die Milch durch die Zentrifuge getrieben werden. Was ganz schön in die Arme ging, weil die Kurbel von Hand gedreht wurde. Danach brachte ich den Rahm in den Keller, verfütterte die Hälfte der Magermilch gleich an die Kälber und hob den Rest für den nächsten Morgen auf. Dann endlich durfte ich todmüde ins Bett sinken und war eingeschlafen, noch bevor ich mein Nachtgebet beendet hatte.

Manch einer stellt sich das Leben auf der Alm sehr romantisch vor. In Wirklichkeit aber ist es harte Arbeit den ganzen Tag über. Aufgestanden bin ich immer um zehn vor vier, auch im Winter, wenn es noch stockdunkel war und ich als einzige Lichtquelle nichts hatte als eine Petroleumlampe. Als Erstes machte ich immer Feuer, ging dann in den Stall, und erst danach wusch ich mich. Inzwischen war es dann auch einigermaßen warm in der Küche. Nach einigen Tagen, als ich mich so langsam eingewöhnt hatte, beschloss ich, einen Besuch bei der Burgi zu machen. Das Wetter war noch immer klar und sonnig, wenngleich ein eisiger Wind wehte, und es machte mir riesigen Spaß, durch den knirschenden Schnee zu wandern. Allerdings brauchte man bei diesen Schneeverhältnissen eine gute Stunde bis zum Moarlok, unserem Futterhof. Vor Staunen kriegte meine Ziehschwester den Mund nicht zu, als ich plötzlich vor ihr stand. »Ja, Anna, wie kommst du hierher?«

»Ich wollte meiner Nachbarin nur Grüß Gott sagen.«

»Nachbarin? Wie meinst jetzt das?«

»Seit einer Woche bin ich auf Gföller Mäder als Sennerin.«

»Ja, wie gibt's denn so was?«

»Der Sammerbauer hat mich letzten Samstag von Fleck weg als Sennerin eingestellt.«

»Ja, herzlich willkommen, Kollegin! Aber was ist mit der Josi?«

Bis hierherauf war die Neuigkeit vom Wilddieb anscheinend bislang nicht gedrungen, und ich konnte der Burgi die Geschichte brühwarm und ausgeschmückt erzählen. Ich blieb noch zum Mittagessen, zumal es Kasnocken gab, bevor ich mich wieder auf den Heimweg, zurück zu meiner Arbeit, machte. Dass ich mir überhaupt so einen Ausflug leisten konnte, war nur möglich, weil auf der Futteralm kein Käse gemacht wurde. Sonst hätte die freie Zeit nie und nimmer gelangt. Trotzdem war es ein wenig weit, um die Burgi häufiger zu besuchen. Ganz in der Nähe lagen jedoch zwei andere Futteralmen, die vom Vorderegger und die vom Scheidegger, zu denen ich nur fünf Minuten gehen musste, und so traf ich die Berta und die Lisl des Öfteren. Es war auch gut zu wissen, dass im Notfall jemand da war. Die konnten mich sogar »derschreien«, mich also rufen, während das andersherum nicht funktionierte – warum, weiß ich nicht.

Einige Tage nach meiner Ankunft trübte es sich ein, und der verharschte Schnee bekam eine watteweiche Auflage. Ein herrliches Bild, an dem ich meine Freude hatte, wenn ich meine Tiere jeden Morgen und jeden Abend zur Tränke führte. Natürlich ließ ich nicht alle gleichzeitig hinaus, denn dann wäre das Gedränge am Brunnentrog zu groß geworden und keines hätte ausreichend saufen können. So machte ich immer nur ein Drittel der Herde los, und während die dann zur Tränke trotteten und ausgiebig ihren Durst stillten, konnte ich in aller Ruhe ihre Stellplätze ausmisten und frisch einstreuen. Allgemein blieb man bis zum 21. Dezember auf der Futteralm, und als der Bauer und der Rupert mit Pferd und Schlitten erschienen, war alles blitzsauber, und meine Habseligkeiten standen fertig gepackt neben der Zentrifuge, dem Butterfass und dem Bettzeug. Das waren genau die Sachen, die man von einer Alm zur nächsten mitnahm. Auf den beiden oberen Almen stand zudem ein großer kupferner Kessel fürs Kasmachen. So gut es mir in der Einsamkeit auch gefallen hatte, so genoss ich es doch, wieder unter Menschen zu sein, bei den Mahlzeiten wieder Ansprache zu haben. Ansonsten unterschied sich mein Tagewerk auf dem Hof kaum von dem auf der Futteralm.

Drei Tage später war Weihnachten. Insgeheim hatte ich gehofft, wenigstens den Heiligen Abend bei meinen Leuten verbringen zu dürfen, aber das

Thema wurde gar nicht angeschnitten. Selbstverständlich musste an diesem Tag die Arbeit genauso erledigt werden wie an allen anderen Tagen des Jahres auch. Damit musste ich mich zufriedengeben. Im Übrigen verlief der Christabend ähnlich wie bei mir daheim, sodass ich eigentlich nichts vermisste. Auch die Sammerleute stapften um neun Uhr in der Nacht mit ihren Laternen gemeinsam zur Christmette, wo ich meinen Angehörigen zumindest ein frohes Fest wünschen konnte. Und als Weihnachtsgeschenk bekam ich von meiner Bäuerin am nächsten Tag tatsächlich zwei Stunden frei, damit ich nach Hause gehen konnte.

Nach Weihnachten gab es auch auf dem Sammerhof die langen, gemütlichen Abende in der Stube, an denen die Weiberleut am Spinnrad saßen, die Mannerleut die notwendigen Holzarbeiten erledigten und dabei abenteuerliche Geschichten aus längst vergangenen Tagen erzählten oder aber allerlei Neuigkeiten, Klatsch und Tratsch beredeten. Dabei fiel mir auf, dass der Rupert immer wieder verstohlen zu mir herüberschaute. Oder bildete ich mir das bloß ein? Wenn es im Stall Schwierigkeiten gab, wenn ich etwa wachen musste, weil bei einer Kuh das Kalben anstand, dann war es der Rupert, der mir freiwillig zur Seite stand. Diese Hilfe wusste ich besonders in solchen Fällen zu schätzen, wenn das Kalb mit einiger Kraftanstrengung geholt werden musste. Ich verbrachte viele Nächte im Stall, denn in den drei Wintermonaten wurden die meisten Kälber geboren.

Ende März gingen die Futtervorräte auf dem Hof langsam zur Neige, sodass man anfing, den Umzug auf die Futteralm vorzubereiten. Aber zuvor mussten noch die Schafe geschoren werden, die auch wieder mit nach oben sollten. Das war meine Aufgabe, nachdem man bemerkt hatte, dass ich mich dabei geschickt anstellte. Übung macht den Meister, sagt man, und ich hatte daheim bereits mit zehn Jahren in diesem Metier erste Versuche unternommen und mit fünfzehn bereits alle unsere Schafe allein geschoren.

Von einem Dutzend Schafe kam ein ganz schöner Berg Wolle zusammen, der dann gewaschen werden musste – wie alles andere auch, einschließlich unserer Haare, mit Kernseife. Es war ganz schön viel Arbeit, die verklebte und verkrustete Wolle einigermaßen sauber zu kriegen, und anschließend musste man sie wieder und wieder schwenken, um die Seifenrückstände zu entfernen, und sie anschließend auf dem Balkon zum Trocknen ausbreiten. Im Schatten wohlgemerkt, denn die pralle Sonne wäre für die Wolle nicht gut gewesen. Bei sehr feuchter Witterung ließ man die Wolle auch schon mal auf dem Boden der Schlafkammern trocknen. War das geschehen, stopfte die Bäuerin sie in saubere Säcke, und der Bauer kutschierte sie nach Lofer in die Datscherei, wo die verklumpte Rohwolle so aufbereitet wurde, dass man sie verspinnen konnte.

Zu dem Zeitpunkt war ich mit meinen Viechern längst wieder auf der Alm einschließlich der geschorenen Schafe, die im Gegensatz zu den Kühen und den Ziegen gleich im Wald verschwanden, wo sie sich Essbares aus dem Schnee scharrten und mir somit kaum Arbeit machten. Ich musste nur immer wieder mal nachschauen, ob sie noch alle da waren und wie

viele neue Lämmer es gab. Nach den langen Wintermonaten freute ich mich wieder richtig auf das Almleben. Wie im Jahr zuvor hatte mir der Rupert beim
Auftrieb geholfen, während der Bauer alles Notwendige mit dem Schlitten nach oben brachte. Da noch
eine geschlossene Schneedecke lag, kamen die Tiere
in den Stall und wurden mit dem Heu vom letzten
Sommer gefüttert, und jede Woche kam der Bauer
herauf, um mir von einer der Feldscheunen Nach-
schub zu bringen, denn erst Ende April würde es
grün genug sein, um das Vieh nach draußen lassen zu
können. Es durfte dann aber nicht auf die zum Futterhof gehörenden Weiden, sondern ging in den etwa
eine Stunde entfernt liegenden Wald, wo es genug
Gras gab. Den Weg dorthin fanden die Tiere von
ganz allein und kamen abends auch wieder pünktlich
zurück. Allerdings war ihnen die Möglichkeit, auf
die Wiesen zu gehen, verwehrt, denn zum Schutz des
Weidegrases, das bis zum Heuen ungestört wach-
sen musste, waren Zäune gesetzt, sodass die Viecher
gar nicht anders konnten, als zum Wald zu gehen.
Jedenfalls freuten sie sich eindeutig, wenn es endlich
wieder aus dem Stall ging, und vor allem die Kälber
vollführten lustige Sprünge. Und auch ich war froh,
denn von dem Moment an hatte ich weniger Arbeit.
Ich brauchte ihnen kein Futter mehr zu geben, es
war weniger auszumisten, und ihre Hinterteile blieben sauberer, weil sie nicht den ganzen Tag in ihrem
eigenen Dreck lagen.

Anfang Juli dann wurde die Herde auf die höher
gelegene Wielandseitenalm gebracht, und wieder
kamen der Bauer und der Rupert mit dem Schlitten.

Kein Spaß, denn man benutzte den Schlitten auch im Sommer, weil die Kufen schonender über das Gras glitten. Während der Sammer-Gregor also die Sachen nach oben transportierte, trieben der Rupert und ich das Vieh hinauf. Da es noch früh am Tag war, führten wir die Tiere gleich in den Stall, wo wir sie anketteten. Wenn es draußen recht heiß war, ließen wir die Kühe nämlich nur bei Nacht auf die Weide. Da wurden die Tiere weniger durch lästige Fliegen geplagt, und für die Wiesen war das schonender. Heutzutage bleiben sie Tag und Nacht draußen. Das bedeutet, dass sie aus lauter Langeweile überall herumlaufen und alles zertrampeln. Die Weiden sind inzwischen so kaputt, dass es eine rechte Schande ist.

Auf der Wielandseitenalm fing für mich der Ernst des Lebens erst richtig an. Verglichen damit war mein Aufenthalt auf der Futteralm der reinste Urlaub gewesen. Apropos Urlaub, in meinen zehn Jahren, die ich für den Sammerhof tätig war, habe ich nicht einen Tag Urlaub bekommen. So etwas kannte man damals nicht. Niemand auf dem Land hat je an Urlaub gedacht. Von klein auf bis man auf dem Sterbebett lag, war man eingespannt und hatte tagtäglich seine vierzehn bis sechzehn Stunden zu arbeiten und manchmal sogar noch mehr.

Auf der Hochalm, wo die Kühe frisches, saftiges und würziges Gras fraßen, lieferten sie bedeutend mehr Milch, die zudem fetthaltiger war als auf der Futteralm oder dem Hof, wo überwiegend mit Heu gefüttert wurde. Mehr Milch aber bedeutete für eine Sennerin wesentlich mehr Arbeit: zunächst einmal längere Melkzeiten und dann auch mehr Rahm, aus dem Butter gemacht wurde, während man die Magermilch für Käse verwendete. Niemand wäre auf die Idee gekommen, Milch nach unten zu schaffen – die musste restlos auf der Alm verarbeitet werden.

Außerdem stand ich erstmals vor der Aufgabe, allein Kas herzustellen. Da ich jedoch nicht zur Zimperlichkeit neige, machte ich mich frisch ans Werk, trieb nach dem Melken die gesamte Milch durch die Zentrifuge, trug den Rahm erst einmal in den Keller, denn bevor man mit dem Buttern anfängt, muss er abkühlen. Die Magermilch aber füllte ich in den großen kupfernen Kaskessel, der an einem metallenen Schwenkarm über der offenen Feuerstelle hing, und rührte in einen Liter Wasser eine Messerspitze Lab ein. Wirklich nur eine Messerspitze – das hatte mein alter Ziehvater immer wieder betont –, denn sonst wurde der Käse zu hart. Sobald die Milch ein bisschen angewärmt war, rührte ich das Wasser ein. Man musste ständig umrühren und höllisch aufpassen, dass die Temperatur nicht über zweiunddreißig Grad stieg, was mit dem Thermometer regelmäßig kontrolliert wurde.

Hatte sie diese Temperatur erreicht, schwenkte ich den Kessel von der Feuerstelle weg und ließ die Masse eine Stunde »zusammenstehen«. Man meint damit, sie muss so eindicken, dass sich die Käsemasse vom Kaswasser absetzt. Dann kommt ein heikler Punkt: Mit dem Kastuch muss man den Käseklumpen aus dem Wasser schöpfen, aber so ein Tuch hat vier Zipfel und eine Sennerin nur zwei Hände. Da blieb einem nichts anderes übrig, als zwei der Zipfel in den Mund zu nehmen und sich mit den beiden anderen in je einer Hand von hinten her unter die Käsemasse zu schieben und sie herauszuheben.

Bevor man diese Masse weiterbearbeitete, wurde erst einmal Topfen gemacht. Man schwenkte den Kupferkessel mit dem Kaswasser – wohlgemerkt Kaswasser, nicht Molke! – erneut über die Feuerstelle und rührte Buttermilch ein – eine süße, also eine ganz frische, denn eine Buttermilch vom Vortag ist schon leicht sauer. Sobald die Flüssigkeit zu kochen anfing, zog ich sie vom Feuer und säuerte sie mit einer speziellen Mischung aus Wasser, Essig und wilder Brunnenkresse, die ich am Bach gesucht hatte. Zu viel Kresse darf man aber nicht nehmen, sonst wird der Topfen zu scharf. Topfen, anderswo Quark genannt, galt bei uns als Delikatesse. Man konnte ihn mit Zucker oder mit Salz essen, je nachdem. Ich aß ihn meist mit etwas Salz, denn Zucker war zu teuer. Das meiste aus meiner Produktion brachte ich nach Fertigstellung zu meinen Bauersleuten, denn Topfen wird schnell schlecht. Also balancierte ich, auf dem Kopf ein rundes Holzschaffel, alle paar Tage hinunter zum Sammerhof. Die Flüssigkeit übrigens, die aus dem Topfen nach dem Abschöpfen austritt, das ist Molke.

War ich mit dem Topfen fertig, wandte ich mich wieder dem Kasen zu. Noch im Tuch drückte und knetete ich die Masse kräftig, damit das überschüssige Wasser austrat, setzte sie sodann mitsamt dem Tuch in eine runde Holzform, schlug die vier Enden des Tuches möglichst glatt darüber, legte ein Brett darauf und beschwerte es mit einem Stein. Sobald der Käse fest genug war, hob ich ihn mit dem Tuch

176

wieder aus der Form und gab ihn ohne Tuch wieder hinein. Dann wanderte der Laib in den Keller, wo er wieder mit Brett beschwert wurde. An den nächsten drei Tagen musste man ihn mit einer Handvoll Salz abreiben und während der Folgezeit täglich mit Salzwasser abwaschen. Da war man mit mehreren Käsen in verschiedenen Stadien der Reifung ganz schön beschäftigt. Frühestens nach sechs Wochen war er essfertig, doch warteten wir meist bis gegen Ende der siebten Woche mit dem Abholen. Verkaufen ließ sich der Käse damals kaum, jeder Bauer hatte ja seinen eigenen Käse, und die Arbeiter im Dorf konnten ihn sich nicht leisten. So merkwürdig das klingen mag: Auf der Alm schnitt ich niemals einen Kaslaib an. Mir wurde er stückweise mit den anderen Lebensmitteln vom Bauern nach oben gebracht.

Zwischen der Wielandseitenalm und der Winklmoosalm verlief die deutsch-österreichische Staatsgrenze, was für mich nie von Bedeutung schien. Mir war es egal, als sie 1938 plötzlich verschwand und 1945 wieder da und wegen der verschiedenen Besatzungszonen stärker abgeriegelt war als zuvor. Erst als ich meinen ersten Sommer auf der Wielandseitenalm verbrachte, bekam ich die Nachteile zu spüren, denn hüben wie drüben waren Sennerinnen tätig, die sich gern mal gegenseitig besucht hätten. Wohl stand man gelegentlich am Zaun beisammen, aber diese Barriere zu überschreiten, das war unmöglich. Dafür sorgte schon das allgegenwärtige Auge des Gesetzes. Mit der Zeit allerdings entdeckten wir »Schlupflöcher«. Wir warteten, bis die Beamten sich in ihr etwas abseits stehendes Grenzhäuschen zurückzogen, schlüpften dann schnell durch den Zaun und verbrachten die eine oder andere vergnügliche Stunde miteinander. Wir erzählten, wir lachten, wir sangen und jodelten – das gehörte dazu, dass jede Sennerin jodeln konnte.

Natürlich wurde die Grenze nicht bewacht, um unsere gegenseitigen Besuche zu unterbinden, nein, es ging darum, die Schmuggelei zu verhindern. Allerdings war mir lange schleierhaft, was wir hätten schmuggeln sollen. Denn was wir nicht hatten, besaßen die drüben auch nicht, und Milch, Butter und Käse gab es auf beiden Seiten genug. Im Sommer 1949 aber erlebte ich, wie das Schmuggelgeschäft funktionierte. In Unken gab es Leute, die noch aus der Vorkriegszeit ein Fahrrad besaßen, bei dem die Radmäntel und Radschläuche vom Zahn der Zeit dermaßen angefressen waren, dass man die Radl nicht mehr nutzen konnte. Nun hatte man erfahren, dass es im deutschen Reit im Winkl in der Werkstatt vom Weiß Max diese begehrten Artikel gab. Und weil wir offiziell nicht hinüberdurften, entwickelte sich innerhalb kurzer Zeit ein gut funktionierender »Kurierdienst«. Findige Burschen aus Reit im Winkl kauften die Schläuche und Mäntel, trugen sie im Rucksack auf die Winklmoosalm und übergaben sie den dortigen Sennerinnen. Diese wiederum brachten sie bis an die Grenze, wo ihre österreichischen Kolleginnen die Ware in Empfang nahmen.

Lange Zeit blieb ich von diesen Geschäften unberührt. Doch eines Tages tauchte der Fredi bei mir auf, ein Sohn von einem meiner Großonkel. Er redete mir ins Gewissen, wie wichtig Familie sei und dass man in jeder Lebenslage zusammenhalten müsse, bevor er die Katze aus dem Sack ließ. Er brauche dringend Schläuche und Mäntel für sein Fahrrad, die es in Deutschland zu kaufen gebe, und ich säße doch an der Grenze und damit direkt an der Quelle und solle für ihn das Geschäft bitte abwickeln. Nun ja, was tut man nicht alles für einen lieben Verwandten! Ich begab mich zum Grenzzaun, fand auch die richtige Sennerin und gab meine Bestellung auf. Wir machten einen Tag beziehungsweise eine Nacht sowie die Uhrzeit aus, zu der ich mich wieder an derselben Stelle einzufinden hatte. Bis zu diesem Punkt alles kein Problem, schließlich tat ich nichts Unrechtes, wie ich fand. Es handelte sich ja nicht um Diebesgut, das über die Grenze geschafft werden sollte. Vielmehr half ich lediglich dabei, eine Ware zu kaufen, die es bei uns nicht gab und die wir regulär bezahlen wollten.

Je näher der Termin rückte, an dem ich das Geschäft abwickeln sollte, desto unruhiger wurde ich. Tagsüber gelang es mir meist, diese Gedanken zu verdrängen, doch nachts überfielen mich wirre Träume von Grenzern und Schmugglern, die sich wüste Gefechte lieferten. Einmal schreckte ich sogar schweißgebadet auf, weil man hinter mir her war und ich nicht vom Fleck kam. Dennoch begab ich mich zur festgesetzten Stunde, begleitet vom Fredi, der es gar nicht erwarten konnte, zum verabredeten Treffpunkt. Ich zitterte wie Espenlaub, als wir uns der Grenze näherten. Plötzlich flammte drüben eine Taschenlampe auf, und schnell duckten wir uns hinter einen Busch. Das Herz schlug mir bis zum Halse, und ich wagte kaum zu atmen. Der Lichtschein tanzte eine Weile an der Grenze entlang, bis er im Grenzhaus verschwand. Mit wenigen Minuten Verspätung erreichten wir den vereinbarten Platz, doch keine Sennerin war zu sehen. Hatten wir sie verpasst? Oder war sie gar von dem Grenzbeamten erwischt worden?

Schon wollte ich auf dem Absatz kehrtmachen und meine Mission als beendet ansehen, als mir der Fredi zuflüsterte: »Nein, wart, die Sennerin wird schon noch kommen. Sie hat die Taschenlampe gewiss auch gesehen und sich im Gebüsch versteckt.«

Er sollte recht behalten, denn auf einmal näherte sich von jenseits der Grenze ein Schatten.

»Bist du es, Gusti?«, fragte ich leise in die Dunkelheit.

»Ja«, kam sie Antwort. »Hast das gesehen, Anna? Den Grenzer, nur wenige Meter von uns entfernt. Da haben wir aber Schwein gehabt!«

»Ja, ein Sauglück«, bestätigte ich. »Und wo hast die Schläuche?« Mir fiel nämlich trotz der Dunkelheit auf, dass sie mit leeren Händen dastand, und es sah auch nicht so aus, als ob sie einen Rucksack trug. Aber vielleicht hatte sie die »heiße Ware« ja in dem Gebüsch liegen lassen, um erst mal zu sondieren, ob die Luft wirklich rein war. Doch so war es nicht. »Tut mir leid, Anna, ich hab nix. Damit du nicht umsonst wartest, wollt ich dir bloß ausrichten, dass der Mann, der mir die Schläuche versprochen hat, nicht gekommen ist.«

»So ein Mist, so ein elendiger! Jetzt hab ich den ganzen Weg umsonst gemacht«, fluchte hinter mir der Fredi.

»Ja, tut mir leid. Aber auf den Kurierdienst hab ich keinen Einfluss«, beteuerte die Gusti und verschwand eilig im Dunkel der Nacht.

Was mich betraf, so hatte ich auf dem ganzen Rückweg den grummelnden, schimpfenden Fredi zu ertragen. Aber das war mir egal, denn ich beschloss, meine Schmugglerkarriere zu beenden, bevor sie wirklich angefangen hatte. »Zu so was bin ich nicht geeignet«, beschied ich meinem Verwandten. »Wenn dir weiterhin an Grenzgeschäften gelegen ist, such dir jemand anderen.«

Ein anderes »Grenzerlebnis« war da weitaus harmloser und mit Sicherheit auch amüsanter. Einige Wochen später, als alle Sennerinnen von der Wielandseitenalm wieder auf die Wildalm umgezogen waren, hörten wir von einer Kollegin auf der deutschen Seite, dass am Freitagabend in einem der Gasthäuser auf der Winklmoos ein Polterabend stattfinde, zu dem jeder kommen dürfe. Obwohl wir jetzt etwas weiter weg von der Grenze waren, beschlossen wir hinzugehen. Auf der Alm gab insgesamt neun Sennerinnen, also von jedem der Gföller Höfe eine. Außer mir waren aber nur noch zwei andere an dem ungewohnten Vergnügen interessiert. Wir erledigten unsere Arbeiten an diesem Tag ein bisschen schneller als sonst, warfen uns in unsere Festtagsdirndl und überschritten gemeinsam die Grenze. Zu unserem Schreck tauchte in dem Moment ein Zöllner vor uns auf und fuhr uns barsch an: »Halt! Sofort zurück! So spät auf d'Nacht darf niemand mehr über die Grenze.«

»Man wird doch noch zum Tanzen gehen dürfen«, entgegnete die Mutigste von uns.

»Nein! Da könnt ja jeder kommen«, schnauzte uns der Mann an. »Dann gibt's ja keine Ordnung mehr im Land.«

»Jetzt sei doch net so«, versuchte unsere Sprecherin ihn zu besänftigen. »Sind wir etwa jeder? Wir sind nur ein paar harmlose Sennerinnen, die mal ein bisschen tanzen wollen.«

Während wir da an der Grenze standen und den sturen Beamten zu überreden versuchten, hatte das der Huber-Bast aus der Ferne beobachtet. Die Situation richtig einschätzend, stürmte er ins Gasthaus und kam von dort mit zwei weiteren Burschen direkt auf uns zu. Jeder von ihnen hängte sich bei einer von uns ein, und der Bast sagte dem verdutzt dreinschauenden Zöllner: »Du hast doch sicher nix dagegen, dass wir unsere Madel zum Tanz führen?«

Dieser Übermacht fühlte der Beamte sich wohl nicht gewachsen. »Also meinetwegen sollt's euren Spaß haben. Aber vor Mitternacht müsst ihr zurück sein.« Wir versprachen es.

»Kommt gar nicht infrage«, erklärten uns unsere Kavaliere, sobald wir außer Hörweite des Grenzhüters waren. »Nach Mitternacht wird's doch erst recht zünftig. Da müsst ihr dabei sein. Wir bringen euch dann so zurück, dass ihr wieder rechtzeitig bei euren Kühen seid.«

Doch wir Mädchen wollten es auf keinen Fall auf einen Streit mit der Obrigkeit ankommen lassen. Sobald wir unter uns waren, legten wir uns einen Schlachtplan zurecht. Rechtzeitig vor Mitternacht wollten wir unbemerkt verschwinden, sodass unsere Kavaliere nichts davon mitbekamen. Wir fürchteten nämlich, die könnten mit dem Grenzer eine Rauferei anfangen. Außerdem dachten wir daran, dass wir alle einen harten Tag vor uns hatten und ein paar Stunden Schlaf gut gebrauchen konnten.

Zuerst aber genossen wir das schöne Fest, trafen alte Bekannte und lernten nette Leute kennen, auch das Brautpaar. Vor allem schwangen wir ausgiebig das Tanzbein. Wenn ein Tänzer fragte, wo ich wohnte, antwortete ich: »Gleich hinter der Grenze, der dritte Busch links.« Mir stand nämlich nicht der Sinn danach, mit einem von ihnen eine Liebschaft anzufangen. Ab halb zwölf verschwanden wir dann eine nach der anderen, um gemeinsam zur Grenze zu marschieren. Unser gewissenhafter Beamter erwartete uns bereits und wünschte uns freundlich eine gute Nacht.

Weil der Tanzabend so schön gewesen war und weil das Brautpaar uns ausdrücklich auch für den nächsten Abend, ihren Hochzeitsabend, eingeladen hatte, machten wir uns abermals auf den Weg. Diesmal war von einem Grenzer weit und breit nichts zu sehen – auch nicht als wir kurz vor Mitternacht wieder über die Grenze zurückgingen.

In meinen beiden ersten Jahren beim Sammer war es immer der Bauer gewesen, der auf die Alm gekommen war, um Käse, Butter und Topfen abzuholen und mir frische Lebensmittel zu bringen, doch mit Beginn des dritten Almsommers kam häufig der Rupert, und im Jahr darauf kam der Bauer gar nicht mehr. Anscheinend hatte er mittlerweile so viel Vertrauen zu mir, dass er es nicht mehr für nötig hielt, mich zu kontrollieren. Bei jedem seiner Besuche versuchte der Rupert, mich in ein längeres Gespräch zu verwickeln. Anfangs fand ich das ganz spaßig, doch bald eher lästig. Es hielt mich nämlich nicht nur von der Arbeit ab, es störte mich auch, dass er mich immer so sonderbar anschaute. Deshalb versuchte ich mich rar zu machen, indem ich dringende Arbeiten vorschützte. Ach was, die schützte ich eigentlich gar nicht vor, die hatte ich wirklich zu erledigen.

Nachdem ich ihm auf diese Weise dreimal ausgekommen war, hielt er mich beim vierten Mal am Handgelenk fest, als ich ihm entwischen wollte. »Was ist los mit dir, Anna? Warum läufst immer davon, wenn ich komm?«

»Ich hab zu tun. Die Arbeit macht sich net von selbst.«

»Sie läuft aber auch nicht davon. Wennst fünf Minuten später anfängst, wirst schon noch fertig.«

Ehe ich wusste, wie mir geschah, packte er mich mit beiden Händen an den Schultern und zog mich so dicht zu sich heran, dass ich seinen Atem spürte. Ich machte mich stocksteif.

»Was ist wirklich mit dir los? Hast vielleicht eine heimliche Liebschaft, dass du vor mir davonläufst?«

»Nein, hab ich nicht«, antwortete ich wahrheitsgemäß und merkte, wie mir die Röte ins Gesicht stieg.

»Was ist es dann? Bin ich dir arg zuwider?«

»Das nicht, Rupert. Aber mir gefällt's net, wie du mich immer anschaust.«

»Anna, dummes Dirndl, merkst denn nicht, dass ich dich gernhab?«

»Und da gehört so ein Geschau dazu?«, fragte ich in meiner Naivität. Nach wie vor stand ich wie erstarrt da, während mir sein heißer Atem auf dem Gesicht brannte. Er aber lachte laut auf: »Ja, Anna, jetzt weißt es.« Schon zog er mich zu sich heran und versuchte, seine Lippen auf die meinen zu drücken. In diesem Moment jedoch kam wieder Leben in mich. Blitzschnell wendete ich mein Gesicht zur Seite und stieß ihn mit beiden Händen zurück. Nun war es an ihm, erstarrt stehen zu bleiben. »Probier das nie wieder«, funkelte ich ihn böse an, und ohne ein weiteres Wort machte er sich wie ein braver Schulbub mit seinem Schlitten auf den Heimweg.

Bei seinem nächsten Besuch war der Rupert handzahm. Er schaute mich weder mit aufdringlichen Blicken an, noch machte er irgendwelche Annäherungsversuche. Auch bei seinen folgenden Besuchen blieb er freundlich, distanziert und sachlich, sodass wir uns wie früher ungezwungen unterhalten konnten. Deshalb war ich mehr als überrascht, als er eines Tages daherkam mit einem Sträußchen selbst gepflückter Blumen. »Kannst mir verzeihen, Anna?«, fragte er mit gesenktem Blick. »Ich bin damals wohl ein bisschen zu stürmisch gewesen.«

»Das warst«, bestätigte ich. »Und verzeihen tu ich dir, weil du dich inzwischen manierlich benimmst.«

Jetzt war alles gesagt, dachte ich, jetzt konnte er wieder seiner Wege ziehen. Das tat er aber nicht. »Lass uns ein wenig auf die Bank hinsetzen«, bat er, »ich hab noch mit dir zu reden.«

»Das geht in Ordnung, wenn du deine Finger bei dir behältst.«

Zum Zeichen, dass er meinen Wunsch respektierte, vergrub er beide Hände in den Hosentaschen. »Ist es so recht?«, fragte er spitzbübisch.

Ich nickte, und wir gingen zur Hausbank. »Anna, ich hab mir das lang überlegt. Du weißt, dass ich dich gernhab. Und du hast zugegeben, dass ich dir net zuwider bin. Deshalb möcht ich dich heiraten.«

Nach dieser langen Rede atmete er tief aus, ich aber atmete tief ein: »Heiraten? Du willst mich wohl zum Narren halten? Das wird der Bauer nie und nimmer zugeben, dass du eine arme Sennerin heiratest, die nix ist und nix hat.«

»Den Bauer brauch ich deswegen nicht zu fragen«, erwiderte er mit einem Ton in der Stimme, aus dem Erstaunen herausklang.

Dessen ungeachtet entgegnete ich: »Bei seinem Hoferben wird er schon ein Wort mitreden wollen.«

»Wieso Hoferbe? Wie kommst denn darauf?«

Nun war ich es, die verwundert klang: »Ja, bist net der Hoferbe vom Sammer?«

»Wieso sollt er mir den Hof vermachen, wo er doch selber vier Buben hat?«

Nun verschlug es mir glatt die Sprache. »Wie? Was?«, stotterte ich. »Du bist nicht der Sohn vom Bauern?«

»Vom Bauern schon«, lachte er angesichts meiner Verwirrung, »aber nicht vom Sammerbauern.«

Jetzt verstand ich gar nichts mehr und schüttelte verständnislos den Kopf. Deshalb sah er sich zu einer Erklärung genötigt: »Ich hab gedacht, das hättest gewusst, dass der Sammer nicht mein Vater ist. Meine Mutter hat mich als lediges Kind mit in die Ehe gebracht.«

»Ach, so ist das! Und wer ist dein Vater?«

»Den kenn ich net. Ich weiß weder seinen Namen, noch wo er wohnt. Die Mutter mag nicht über ihn reden. Nur so viel hat sie mir verraten: Sie war noch sehr jung, als sie zum ersten Mal in Dienst ging, und starb fast vor Heimweh, weil sie so weit weg war von zu Hause. Aber immerhin waren die Leute nett zu ihr, der Bauer sogar zu nett. Ja, da ist es halt passiert, und noch bevor man auf dem Hof etwas spannte, kehrte sie zu ihren Eltern zurück. Dort wurde ich geboren und aufgezogen. Meine Mutter musste ja wieder in Dienst gehen, um sich ihr Brot zu verdienen. Auf dem neuen Hof war sie recht zufrieden und hätte hundert Jahre bleiben mögen, aber nach vier Jahren hat man sie entlassen, weil das älteste Dirndl inzwischen ihre Arbeit übernehmen konnte. Zufällig erfuhr sie, dass sie beim Sammer in Gföll eine Dirn suchten, und als sie sich vorstellte, wurde sie vom Fleck weg engagiert. Noch bevor ich in die Schule kam, durfte mich zu sich holen. So bin ich ein Gföller geworden, und wir sind miteinander in die Schule gegangen. Dem damaligen Jungbauern, dem Gregor, hat meine Mutter gefallen, und so fing er bald eine Liebschaft mit ihr an. Da sich schon bald die Folgen zeigten und sie zudem sehr fleißig war, hatte der Altbauer nichts gegen eine Heirat – unter der Bedingung, dass das Kind ein Bub wurde. Und so haben sie kurz nach der Geburt vom kleinen Gregor geheiratet.«

Nach dieser für ihn ungewöhnlich langen Rede musste der Rupert erst mal tief durchschnaufen. Auch ich holte tief Luft. »Rupert, es ist spät geworden, ich hab noch zu tun. Außerdem muss ich das Gehörte erst mal verdauen. Nächste Woche reden wir weiter.«

Frohgemut zog er mit seinem Schlitten davon. Ich fing indessen allmählich an zu begreifen, warum sich der Sammer seinem »Ältesten« gegenüber immer so merkwürdig verhielt. Mir war längst aufgefallen, dass der Rupert ein tüchtiger Bursche war und für zwei schaffte, wie der Bauer selbst an meinem ersten Arbeitstag in seinem Haus erwähnt hatte. Dennoch zeigte er über diesen Sohn nie einen Anflug von Stolz, und ebenso fehlte es an Anerkennung und familiärer Herzlichkeit. Jetzt sah ich endlich klar: Der Gregor betrachtete den Rupert nur als einen tüchtigen Knecht, der froh sein musste, dass ihm Unterkunft und das tägliche Brot gewährt wurde. Auch über den großen Altersunterschied, der zwischen ihm und dem Gregor junior bestand, hatte ich mich immer gewundert. Jetzt hatte ich eine Erklärung dafür. Die restlichen Buben folgten nämlich alle Schlag auf Schlag.

Bis der Rupert das nächste Mal auf die Wildalm kam, hatte ich mich zu einem Entschluss durchgerungen. Nachdem er die mitgebrachten Sachen abgeladen, aber noch bevor er Kas und Butter auf seinem Schlitten verstaut hatte, fragte er: »Anna, wie schaut's aus? Willst mich heiraten?«

»Nein«, sagte ich schlicht und einfach, ohne Wenn und Aber.

Auf den Schrecken hin ließ sich der junge Mann erst mal auf die Hausbank fallen. »Das ist doch nicht dein Ernst«, presste er tonlos hervor, dabei aufmerksam in meinen Gesichtszügen forschend, ob dort nicht ein schalkhaftes Lächeln verborgen sei. Da ich todernst blieb, begann er mich mit Fragen zu bedrängen: »Aber warum? Bin ich dir doch zuwider? Hast vielleicht einen andern Schatz?«

Ich kam gar nicht dazu, ihm zu antworten, denn er redete auf mich ein »Schau, Anna, jetzt, wo du weißt, dass ich kein Hoferbe bin, gibt es für dich eigentlich keinen Hinderungsgrund mehr. Schließlich bin ich nicht mehr als du, das ledige Kind einer Bauernmagd.«

»Doch, Rupert, es gibt einen Hinderungsgrund, einen sehr bedeutenden sogar«, schob ich dazwischen, als der Bursche einmal Luft holen musste. »Du hast nix, und ich hab nix. Und wenn wir das zusammenschmeißen, kommt nicht viel mehr dabei heraus.«

»Geh her, Anna, so materialistisch darfst net denken, wenn man sich gern hat.«

»So gern könnt ich keinen Mann haben, dass ich darüber den Verstand verlier. Da du den deinen offensichtlich schon verloren hast, muss ich eben Verstand für zwei haben. Schau, die Probleme würden schon damit anfangen: Wo sollen wir wohnen? Und wovon sollen wir leben?«

»Nun ja«, antwortete er gedehnt und schien zu überlegen. »Da hast irgendwie recht. Heiraten bräuchten wir ja nicht gleich. Ich könnt weiterhin im Bauernhaus wohnen und du auf der Alm, und ich besuch dich, sooft ich kann.«

»Das würd mir noch fehlen! Meinst net, dass ich dann bald schwanger werden könnt?«

Er kratzte sich am Hinterkopf. »Ja, schon. Sobald das passiert, könnten wir gleich heiraten.«

»Und was nachher? Dann hätten wir die gleiche Misere, als wenn wir vorher heiraten. Meinst du, ich möchte, dass es mir ergeht wie meiner Mutter und Großmutter? Meinst, ich will Kinder in die Welt setzen, die bei fremden Menschen aufwachsen müssen? Eines hierhin abschieben und das andere dahin? Du lebst bei deiner Mutter und ich auf der Alm? Wär das ein Familienleben? Nein, darauf kann ich verzichten. Rupert, das wird nix mit uns zwei.«

Beim Verabschieden machte er ein so trauriges Gesicht, dass er mir in der Seele leidtat. Aber ich musste hart bleiben und in erster Linie an mich denken. Was nützte es, wenn ich ihm jetzt aus einer Gefühlsduselei nachgab und nachher im Elend saß? Und meine möglichen Kinder gleich mit? Die folgenden Wochen, die er auf die Alm kam, benahm er sich sehr reserviert, und ich schaute immer, dass ich schnell aus seiner Nähe kam.

Am Ende der Weidezeit auf der Wildalm, Anfang September, kam er mit dem Bauern rauf, weil der Abtrieb zur Wielandseitenalm anstand und weil die Gerätschaften dorthin transportiert werden mussten. Während der Bauer mit dem Schlitten vorausfuhr, trieben der Rupert und ich die Kühe hinab. Dabei drängte er sich in meine Nähe und erklärte, er leide wie ein Hund, weil ich nichts von ihm wissen wolle. Ich solle es mir doch noch mal überlegen. Trotz unserer Armut könnten wir doch zusammen glücklich werden. Da ich zu seiner ganzen Rede schwieg, nahm er das wohl als Zustimmung, und eh ich mich versah, hatte er mich schon an sich gerissen und mir einen Kuss auf den Mund gedrückt. Ich muss zugeben, unangenehm fand ich das nicht. Als er mich aber wieder losließ, schaltete ich sofort meinen Verstand ein. Anna, sei auf der Hut, sagte ich mir, das ist der Anfang vom Elend. Ehe du dich versiehst, sitzt du mit einem ledigen Kind da. Zum Rupert aber sagte ich: »Wir sind hier, um nach den Rindviechern zu schauen, und nicht, um unser Vergnügen zu haben.«

Solange ich auf der Wielandseitenalm blieb, kam er ebenfalls jede Woche herauf, um meine Waren abzuholen und mich mit dem Notwendigen zu versorgen. Dabei machte er jedes Mal verliebte Augen, ergriff zuweilen vorsichtig meine Hand und murmelte zärtliche Worte. Ich aber zeigte mich äußerst zurückhaltend, damit er endlich begreifen sollte, dass aus uns zwei nichts werden konnte. Weil er aber partout nicht verstehen wollte, würde mir blieb mir nichts anderes übrig bleiben, als mit ihm Deutsch zu reden. In der letzten Septemberwoche, direkt nach unserem Umzug auf die Futteralm, hielt ich den richtigen Zeitpunkt für gekommen. »Gib auf, Rupert. Das wird nix mit uns«, sagte ich nur. Noch heute sehe ich sein Bild vor mir, wie er traurig davonging. Aber ich konnte wirklich nicht anders.

In der Woche darauf war es dann der Sammer, der mich auf dem Futterhof mit Lebensmitteln versorgte. Er erwähnte seinen Stiefsohn mit keinem Wort, und ich hielt mich mit Fragen zurück. Auch als ich kurz vor Allerheiligen meine Tiere mithilfe der Dirn zum Bauernhof führte, blieb der Rupert unsichtbar. Er war weder beim Nachtessen noch am folgenden Morgen beim Frühstück, und auch dem Mittagstisch blieb er fern. Beim Abspülen fragte mich dann die Bäuerin: »Ist dir eigentlich aufgefallen, dass der Rupert nimmer da ist?«

»Doch, schon«, antwortete ich betreten, aber eine gewisse Scheu hielt mich davon ab, nach dem Grund zu fragen. »Kannst dir net denken, warum er weg ist?«, sagte stattdessen die Sammerin.

»Ja, schon, vielleicht«, druckste ich herum. »Hat's etwas mit mir zu tun?«

Jetzt schien für die Bäuerin endlich der Moment gekommen, sich ihre ganze mütterliche Sorge von der Seele zu reden.

»Immer stiller ist er in letzter Zeit geworden. Wenn ich gefragt hab, was los ist, hat er immer nur ausweichend geantwortet: ›Ach, nichts. Lass mich in Ruh.‹ Vor einigen Tagen erzählt er mir dann, dass er in Ruhpolding eine Stelle als Holzknecht angenommen hat. ›Warum denn so weit weg?‹, wollt ich wissen. ›Dann kannst ja nicht mal an jedem Samstag nach Hause kommen.‹

›Ist das mein Zuhause?‹, fragte er mit einem Gesicht zum Erbarmen. ›Hier werd ich doch nur geduldet, weil ich für zwei schaff, und verdienen tu ich trotzdem nix.‹ – ›Ja, willst etwa deine Wochenenden in der Holzknechtshütte verbringen?‹ – ›Nein‹, hat er geantwortet, ›ich geh nach Eisenärzt zu deinen Eltern. Da bin ich doch mehr daheim als hier.‹ – ›Ob denen das aber recht ist?‹, meldete ich meine Zweifel an. – ›Es ist schon alles ausgemacht. Hier jedenfalls, das halt ich nimmer aus.‹ – ›So schlecht hast es bei uns ja auch wieder nicht‹, hielt ich dagegen. ›Dafür dass der Gregor dein Stiefvater ist, behandelt er dich ziemlich nett. Zu seinen eigenen Buben ist er genauso streng.‹ – ›Es ist ja nicht wegen ihm. Es ist wegen ihr‹, sagte er seufzend. Nun verstand ich gar nichts mehr. ›Was meinst mit wegen ihr? Wegen wem?‹, wollt ich nun wissen. – ›Wegen der Anna. Ich könnt's net ertragen, ihr hier im Haus wieder zu begegnen.‹«

Die Bäuerin schwieg. Ich antwortete nichts, senkte nur schuldbewusst den Kopf. Dennoch spürte ich, dass ihr vorwurfsvoller Blich auf mir lastete. »Hast mir dazu nix zu sagen?«, drängte sie.

Ohne zu wissen, was der Rupert ihr berichtet hatte, erzählte ich ihr die ganze Geschichte aus meiner Sicht. Sie hörte aufmerksam zu und unterbrach mich kein einziges Mal. »So sieht das also aus«, stellte sie fest. »Ich hatt ja keine Ahnung, was zwischen euch vorgefallen ist. Mich stimmt's natürlich traurig, dass der Rupert seine Liebste nicht bekommt – als Mutter will man schließlich, dass das eigene Kind glücklich wird. Aber ob das Ganze überhaupt einen Sinn machen tät, ist schon die Frage. Da kann ich dich verstehen. Eine Scheid hast schon, das muss ich anerkennen. Es gibt sicher net viele Dirndln, die so konsequent handeln und auf einen so flotten Burschen wie den Rupert verzichten würden.«

Ich war sehr erleichtert, dass die Bäuerin das so sah, denn ich hatte schon Angst gehabt, vielleicht meine Stellung zu verlieren. Trotzdem hielt ich eine Art von Entschuldigung für angebracht: »Tut mir leid, Bäuerin, dass ich deinen Sohn aus dem Haus getrieben hab.«

»Ist schon recht, Anna, vielleicht ist es sogar ganz gut so. Es ist net verkehrt, wenn er auf eigenen Füßen steht. Vielleicht ist er damit rechtzeitig einem Problem ausgewichen, das auf ihn zukommen würde, wenn unser Junior mal das Sach übernimmt. Und was die Arbeit angeht: Der Gregor wird bald fünfzehn und kann schon ganz gut zupacken. Er wird den Rupert also weitgehend ersetzen.« Nach diesen Schlussfolgerungen der Sammerin stand einem weiteren harmonischen Arbeitsverhältnis nichts mehr im Wege, und ich blieb noch viele Jahre auf dem Hof, wo ich so einiges erlebte beziehungsweise miterlebte.

Es war im Winter 1952, Mitte Februar, und seit einigen Wochen lag eine ansehnliche Schneedecke. Da kam eines Tages jammernd die Nachbarin herübergelaufen, ihr Mann müsse ins Krankenhaus, zumindest aber zunächst zum Arzt. »Und warum erzählst mir das alles?«, fragte der Sammer.

»Der Rudi ist so krank, dass er liegend transportiert werden muss.«

»Und was hab ich damit zu tun?«

»Ja, weißt, im Moment haben wir nur einen Knecht, und der ist noch net lang bei uns. Und mit den Rössern kennt er sich grad gar nicht aus, zumal bei dem Schnee. Deshalb tät ich dich halt schön bitten, dass du eines von deinen Rössern vor unseren Schlitten spannst. Es reicht, wennst bis zur Platte fährst. Von da geht's ja bergab, da kann der Knecht den Schlitten von Hand ziehen.«

Der Gregor ließ sich nicht lange bitten, denn Hilfsbereitschaft wurde auf den Höfen reihum großgeschrieben. Warm in Decken eingepackt lag der kranke Nachbar dann auf der Ladefläche seines Holzschlittens, als mein Bauer sein Ross davorspannte. Erst ging es ein Stück eben dahin, dann ein gutes Stück bergauf, und an der Platte schirrte der Sammer wie besprochen sein Ross ab, und der Knecht spannte sich selbst vor den Schlitten, um ihn talwärts zu lenken. Der Sammer aber kehrte mit seinem Pferd um, doch nach kurzer Zeit ging es nicht mehr weiter, denn zwischenzeitlich hatte eine Lawine den Weg verschüttet.

»Mei, haben wir ein Massel gehabt«, dachte der Bauer, »dass die Lawine nicht in dem Moment heruntergekommen, ist, als wir hier vorbeigegangen sind.«

Dann schob er seinen Hut zurück, kratzte sich an der Stirn und überlegte, was zu tun sei. Schließlich band er sein Ross an einen Baum und redete ihm gut zu: »Brauchst keine Angst zu haben, Alter, ich komm bald wieder.« Auf allen vieren krabbelte er über den hoch aufgetürmten Schneewall hinweg. Zu Hause holte er eine Schaufel und ein Büschel Heu und kehrte wieder um. Trotz der winterlichen Temperaturen geriet er ganz schön ins Schwitzen, als er sich den Weg zu seinem Ross freischaufelte. Das witterte seinen Herrn schon, bevor es ihn sah, und wieherte vor Freude. »Hier hab ich dir auch was mitgebracht, weilst so brav ausgeharrt hast«, erklärte er dem Pferd, als er ihm das Heu reichte. Wohlgemut kehrten die beiden nach Hause zurück. Was dem kranken Nachbarn fehlte, ist nicht überliefert, aber im Sommer sah ich ihn putzmunter auf der Alm, als er seiner Sennerin Proviant lieferte.

Auch ein anderes Erlebnis hatte mit Krankheit zu tun. Dass man so etwas auf der Alm überhaupt nicht gebrauchen kann, das sollte ich 1954 am eigenen Leibe zu spüren bekommen. Eigentlich war ich nicht richtig krank, aber mitten in der Nacht wachte ich mit rasenden Zahnschmerzen auf. Die ganze linke Gesichtshälfte tat so weh, dass ich nicht hätte sagen können, ob es vom Unter- oder vom Oberkiefer ausging. Um in den Stall zu gehen, war es noch viel zu früh. Also blieb ich liegen, doch an Schlaf war nicht mehr zu denken. So langsam ist mir die Zeit noch nie verronnen wie in diesen Stunden. Ich fühlte mich von Gott und aller Welt verlassen. Zum ersten Mal im Leben vermisste ich jemanden an meiner Seite, der mir helfen oder wenigstens einen guten Rat geben konnte. Oder der mich getröstet und dann vor allem am Morgen meine Arbeit übernommen hätte. Es half alles nichts: Da war niemand, und ich musste trotz meiner bohrenden Schmerzen in den Stall, als meine Kühe pünktlich vor der Tür standen.

Sobald ich um zehn Uhr meine Arbeiten erledigt hatte, hielt mich nichts mehr. Mit Riesenschritten marschierte ich auf dem kürzesten Weg hinunter nach Unken. Trotzdem brauchte ich zweieinhalb Stunden, bis ich in der Praxis des Arztes ankam, der Beschwerden aller Art kurierte. Der zog auch Zähne, denn einen richtigen Zahnarzt gab es zu der Zeit bei uns noch nicht. Der gute Doktor begleitete gerade seinen letzten Patienten für diesen Morgen zur Tür und wollte in seine wohlverdiente Mittagspause gehen, ließ sich aber durch mein Jammern erweichen und schaute mir sofort in den Mund.

»Aha, das werden wir gleich haben«, meinte er, ließ sich von seiner Sprechstundenhilfe eine Zange reichen, setzte sie an einem unteren Backenzahn an und legte los. Damit er mich nicht mitsamt Zahn vom Stuhl riss, musste mich seine Assistentin festhalten. Es krachte ganz schön und tat mörderisch weh, denn von irgendwelcher Betäubung war keine Rede. Aber ich war erleichtert und wollte schon aufstehen, als er die Zange erneut ansetzte, diesmal am Oberkiefer. Noch einmal spürte ich es krachen und knirschen, dann war auch der zweite Übeltäter draußen. »Da, schau her! So sehen die beiden Burschen aus. Ein Wunder, dass die dich nicht schon früher hergetrieben haben.«

»Bis heut Nacht hab ich nix gespürt«, nuschelte ich und verabschiedete mich. Obwohl die beiden Zähne draußen waren, fühlte ich mich sauschlecht, denn die frischen Wunden schmerzten gewaltig und Schmerztabletten hatte ich keine bekommen. Wie sollte ich in dieser Verfassung den Aufstieg auf meine Alm schaffen? Drei Stunden würde mich das mit Sicherheit kosten, falls ich unterwegs nicht zusammenklappte. Kaum war ich ein paar Schritte gegangen, hörte ich eine Bremse quietschen, und ein Auto hielt direkt neben mir. »Hallo, Anna, magst mitfahren?« Ich kann gar nicht beschreiben, wie erleichtert ich war, als ich den Mechaniker von der Unkener

Autowerkstatt erkannte. »Ich fahr zufällig ins Heutal. Bis zum Abzweig kannst mitfahren.«

Diesen Mann hatte mir der Himmel geschickt.
Hocherfreut stieg ich ein. »Warst beim Zahnarzt?«,
fragte er mitfühlend, als er meine dicke Backe sah.
Ich nickte stumm, denn nach Sprechen war mir nicht
zumute, und er ließ mich zum Glück in Frieden. So
konnte ich über die Hälfte des Weges auf bequeme
Weise zurücklegen, mich zudem ausruhen und Kraft
für das letzte Stück zur Alm sammeln. Jedenfalls
war ich so rechtzeitig zurück, dass meine Viecher
meine Abwesenheit gar nicht bemerkten und alles
seinen gewohnten Gang ging. Allerdings verrichtete
ich meine Arbeiten mehr tot als lebendig, verzichtete angesichts der anhaltenden Schmerzen auf ein
Nachtessen und sank gegen acht total erschöpft auf
mein Lager.

Ich hoffte, mich bis vier Uhr, wenn erneut die
Pflicht rief, ein bisschen erholt zu haben. Aber dar-
aus sollte nichts werden. Ich fiel zwar sofort in einen
bleiernen Schlaf, wurde aus diesem aber schon bald
wieder brutal herausgerissen durch ein ungewohn-
tes Geräusch. Du hast verschlafen, war mein erster
Gedanke. Hastig warf ich einen Blick auf meinen
Wecker: Erst zwei Uhr! Da musste eine Kuh zu früh
zurückgekommen sein. Vielleicht will sie kalben
und braucht meine Hilfe, schoss es mir als Nächstes
durch den Kopf. Doch dann vernahm ich ein deutli-
ches Klopfen an meinem Fenster. Eine Kuh klopfte
nicht an, und so war ich mit einem Satz aus dem Bett.
Durch das geschlossene Fenster rief ich: »Wer ist
da?«

»Ich bin's, die Berta, die Vorderegger-Berta«, antwortete eine klägliche Stimme. Mit zitternden Fingern zündete ich meine Petroleumlampe an, wankte damit zur Haustür und schob den Riegel zurück. »Ja, mei, Berta, was tust du mitten in der Nacht bei mir? Da gehörst doch in dein Bett.«

»Ich trau mir nimmer bleiben«, kam es weinerlich von ihr. »Ich glaub, jetzt geht's dahin.«

Ich begriff nicht, was sie damit sagen wollte, und zog sie in die Stube. »Was redest für einen Schmarrn, Berta? Mit wem oder mit was geht's dahin?«

»Ja, mit mir, mit dem Kind, ich weiß net. Seit Stunden hab ich immer wieder wahnsinnige Schmerzen. Kaum denk ich, sie sind vorbei, kommens' wieder, und stärker als zuvor.«

»Hast etwa Wehen?« Angesichts ihres weiten Jagermantels ließ sich nicht erkennen, ob sie schwanger war.

»Vielleicht. Wennst meinst. Eigentlich ist's noch viel zu früh.«

»Das hat nix zu sagen. Kinder halten sich nur selten an die errechneten Termine. Ich bring dich sofort runter zu deinen Leuten. Hier heroben kannst auf keinen Fall entbinden. Ich wüsst ja gar nicht, was zu tun ist.«

»Ach, es wird kaum anders sein als bei einer Kuh«, sagte sie mit einem Anflug von Galgenhumor und fügte gleich hinzu: »Ah, wart, im Moment geht's mir wieder gut.«

»Aber net für lange. Du solltest jedenfalls heim.«

Ich schlüpfte in meine Kleidung und holte aus meinem Nachtkastl die Taschenlampe, die ich mir von meinem ersten Lohn gekauft hatte. Dann warf ich mir meinen Jagermantel über, denn Anfang September waren die Nächte in den Bergen schon empfindlich kalt. Als ich die Stube betrat, jammerte die Berta von Neuem und krümmte sich vor Schmerzen. Ich mahnte zur Eile, doch in dem Moment, als ich meine Petroleumlampe löschte, rief die Berta erschrocken aus: »O Gott! Meine Lampe! Ich hab vergessen, sie auszumachen. Ich muss zurück.«

»Das musst ganz und gar nicht«, sprach ich ein Machtwort. »Was kann schon groß passieren? Wenn das Petroleum alle ist, geht die Lampe von allein aus. Wegen ein bisschen Petroleum willst doch net riskieren, dass dein Kind im Freien geboren wird. Wenn du nämlich jetzt zurückgehst, schaffen wir es nimmer rechtzeitig nach unten.«

Sie zeigte sich einsichtig und hakte sich bei mir ein. Im tanzenden Licht der Taschenlampe stolperten wir den Berg hinab. Bei jeder Wehe blieb die werdende Mutter stehen, hielt sich den Bauch und jammerte. Wir standen unter enormem Zeitdruck, deshalb gefielen mir diese Verzögerungen ganz und gar nicht, und ich fragte ich jedes Mal: »Meinst, wir packen's noch?« Von ihr erhielt stets ein verzagtes »Ich weiß net« zur Antwort. Die Wehen kamen immer dichter, und in meiner Besorgnis zog ich die Berta unbarmherzig. Zumal mir zu meinem Entsetzen eingefallen war, dass wir rein gar nicht dabeihatten, was wir im Ernstfall brauchen würden – weder eine Schere zum Abnabeln noch ein Tuch, um das Neugeborene einzuwickeln. Als wir im Finstern bereits die Umrisse von Bertas Elternhaus erkennen konnten, blieb sie wieder stehen. »Schaffst du's noch?«, fragte ich sehr besorgt. »Ich weiß net«, kam immer die gleiche Antwort. Ich zerrte sie weiter – das hätte mir noch gefehlt, ein paar Meter vorm Ziel eine Entbindung im Freien!

Da die Haustür verschlossen war, beschloss ich, über die Tenne ins Haus zu gehen, doch schon wieder blieb sie stehen, krallte sich am Torpfosten fest und stöhnte zum Erbarmen. Jetzt half nur noch Schieben. Mit dem Ellbogen drückte ich den Türgriff nieder und stieß mit dem Fuß die Tür zum ersten Stock des Wohnhauses auf. In der einen Hand hielt ich die Taschenlampe, und mit der anderen umklammerte ich krampfhaft die Schwangere. Mit letzter Kraft stolperte die Berta in ihr Zimmer, ließ sich auf ihr Bett fallen, und schon war der Bub da!

Ich atmete auf. Nachdem ich alles in meiner Macht Stehende getan hatte, musste ich wieder schleunigst zurück. Mittlerweile war es bereits halb vier, und bald würden meine Viecher auf mich warten. Bis ich bei ihnen war, das dauerte noch gut und gerne anderthalb Stunden. Zuvor aber machte ich das Haus rebellisch. Da alle Bauernhäuser einen ähnlichen Grundriss hatten, war es kein Problem, die Kammer der Eltern zu finden. Die waren nicht wenig erschrocken, plötzlich mich vor ihrem Bett zu sehen. Sie wussten zwar von der Schwangerschaft der Tochter, hatten aber nicht so schnell mit dem »freudigen Ereignis« gerechnet.

Nach der ersten Schrecksekunde eilte die Mutter sogleich in die Wochenstube und veranlasste alles Notwendige. Die Traudl, ihre jüngere Tochter, die mit der Berta die Kammer teilte und sich gerade verschlafen die Augen rieb, forderte sie auf, gleich aufzustehen. »Zieh dich an. Du musst auf die Alm. Unsere Viecher müssen versorgt werden. Beeil dich, dann kannst gleich mit der Anna gehen und brauchst net ganz allein aufzusteigen.«

So hatte ich denn bei meinem nächtlichen Aufstieg Gesellschaft, wenngleich keiner sich gesprächig zeigte. Die Traudl war noch zu schläfrig zum Reden, und ich hatte wegen meiner starken Schmerzen keine Lust dazu. Erst jetzt kamen sie mir übrigens wieder zum Bewusstsein – die ganze Zeit über hatte ich meine geschundene Backe völlig vergessen. Nach meiner Rückkehr auf die Alm war sie so geschwollen, dass ich nicht mehr »aussigschaut hab« und tagelang nichts Festes essen konnte.

Später erfuhr ich, dass es der Berta und ihrem Kind gut ging, und dass auch der Kindsvater mächtig stolz auf sein »Werk« war. Es handelte sich um den Hubert vom Ledererhof, der zwar als drittgeborener Sohn keinerlei Aussicht auf einen Hof hatte, aber als Holzknecht immerhin über ein sicheres Einkommen verfügte, denn zu der Zeit verdiente man mit dieser Arbeit gutes Geld. Die Hochzeit des jungen Paares sollte im Frühjahr sein, und bis dahin, so hoffte man, würde man in Bertas Elternhaus zwei Kammern für die junge Familie hergerichtet haben. Vorerst blieb der Lederer-Hubert die Woche über in der Holzknechtshütte auf der Möserstubn, um am Freitagnachmittag – inzwischen war für die Waldarbeiter die Fünftagewoche eingeführt – zur Berta und seinem Kind zu eilen.

Im November aber, der kleine Hubert war gerade mal zweieinhalb Monate alt, geschah etwas Furchtbares. Wie an jedem Freitag wanderte der Hubert mit zwei seiner Kollegen von der Möserstubn übers Heutal nach Gföll. An diesem Tag hatte es vierzig Zentimeter Neuschnee gegeben, und der Hubert musste wohl mal einem dringenden Bedürfnis nachgehen. Er sonderte sich von seinen Kameraden ab und rief: »Wartet einen Moment, ich komm gleich wieder.« Er schlug sich seitlich in eine Wiese, die von einem Bachbett begrenzt wurde. Plötzlich ein Aufschrei, und weg war er. Die beiden Kollegen rannten sogleich herbei und sahen ihn etliche Meter tiefer im Bachbett liegen. Vermutlich war er auf ein Schneebrett getreten und mit diesem in die Tiefe gestürzt. Seine Begleiter stiegen ohne Zögern hinab, doch sie konnten ihn nur noch tot bergen. Später, bei der Obduktion, stellte man fest, dass er nicht ertrunken, sondern an einem durch den Sturz verursachten Milzriss gestorben war. Für die Berta war dieser Unfall eine Tragödie, zumal sich für sie nie wieder ein Hochzeiter fand. Sie musste ihren Sohn allein aufziehen und blieb ihr Leben lang Magd beziehungsweise Sennerin, zunächst bei ihren Eltern, später bei ihrem Bruder.

Bei mir zeichnete es sich ebenfalls ab, dass ich mein ganzes Leben in dienender Stellung würde verbringen müssen. Aber zum Glück war ich nur für mich allein verantwortlich, und es lastete auf mir nicht die Sorge für ein Kind. Und ich beschloss, sehr auf der Hut zu sein, damit das künftig auch so blieb.

Eines Sonntagnachmittags saß ich vor meiner Hütte auf der Wildalm in der Sonne und strickte an einer Socke. Zwischendurch ließ ich den Blick immer wieder über die herrliche Landschaft schweifen, an der ich mich nie sattsehen konnte. Da entdeckte ich in der Ferne eine kleine Menschengruppe, die auf mich zuzusteuern schien. An sich nichts Ungewöhnliches, denn es gab öfter mal Sommergäste, die sich hierherauf verirrten und meinten, sie müssten mich von der Arbeit abhalten. Ich staunte jedoch nicht schlecht, als die drei Personen fast vor mir standen. Die Frau war nämlich niemand anderes als meine Mutter Kathi, die mir ihren Ehemann, den Huber Franz, vorstellte und das etwa neunjährige Dirndl als ihre Tochter Rosa. Die Kleine war ein hübsches, freundliches Kind, und weil sie extra den beschwerlichen Weg auf sich genommen hatte, um ihre große Schwester kennenzulernen, schloss ich sie gleich ins Herz. Auch der Franz gefiel mir, er schien ein netter, umgänglicher Mann zu sein.

Nachdem meine Mutter ihm endlich sämtliche Kinder gebeichtet hatte, bestand er darauf, eines nach dem andern zu besuchen – ich kam als Letzte an die Reihe. Es wurde ein wirklich harmonisches und ungezwungenes Beisammensein, und ich genoss es sehr, einmal eine richtige Familie zu haben. Zum Glück hatte ich ausreichend Vorräte da, sodass ich für alle einen Kaiserschmarren zubereiten konnte. Es war ein rundherum gelungener Tag, an dessen Ende wir uns gegenseitig versicherten, den Kontakt nicht mehr abreißen zu lassen. Für mich bestand das größte Erlebnis natürlich darin, endlich einmal mit meiner Mutter ausgiebig reden und dabei feststellen zu können, dass sie ein liebenswürdiger, humorvoller Mensch war.

Die meiste Zeit lebte man auf der Alm eher einsam, von Besuchen auf den benachbarten Hütten abgesehen. Aber da hielten wir alle zusammen – und opferten sogar vom Kostbarsten, was wir hatten: Kaffee. Es war üblich, dass jede von ihrem Bauern – als die Zeiten besser wurden – ein halbes Kilo Bohnenkaffee zu Beginn der Saison bekam. Da dieser bescheidene Vorrat für ein halbes Jahr reichen musste, geizten wir sehr damit – um uns selbst welchen zu kaufen, fehlte uns das Geld. Damit unser Gerstenkaffee, der in einer speziellen Pfanne geröstet wurde, ein bisschen nach echtem Kaffee schmeckte, gab man beim Mahlen drei echte Kaffeebohnen dazu. Und dann opferten wir eines Tages alle freiwillig etwas von unseren kostbaren Kaffeebohnen. Für einen Weideochsen!

Es war auf der Wildalm, wo zu der Zeit nur acht Sennerinnen tätig waren. Eine von ihnen, die Resi, betreute zusätzlich zu ihrer Herde sogenanntes Weidevieh. Das sind Tiere, die nicht aus dem eigenen Stall stammen, in diesem Fall zwei Ochsen. Eines Tages nun kam die Resi völlig aufgelöst zu mir. »Anna, du musst mir suchen helfen. Einer von meinen Weideochsen ist heut Morgen net heimgekommen.«

Keine Frage, dass ich mitkam, genau wie die anderen Sennerinnen auch. Nach einer stundenlangen Suchaktion entdeckte eine von uns den Ochsen am Fuße eines kleinen Hügels. Er lag da und rührte sich nicht, lebte aber noch, denn er drehte seinen Kopf, als man ihn rief. An Aufstehen jedoch dachte er offenbar nicht. Ratlos standen wir um das Tier herum und rätselten, was passiert sein mochte. Vermutlich war er den kleinen Hügel hinuntergestürzt und hatte sich eine Verletzung zugezogen. Vielleicht war er ja auch geschwächt. Immerhin dürfte er seit einigen Stunden weder gefressen noch gesoffen haben. Wir redeten ihm gut zu und streichelten ihn, wir kraulten ihm die Stirn und klopften ihm aufs Hinterteil, bis plötzlich ein Ruck durch seinen Körper ging und er auf die Beine sprang. Aber nur auf drei, den rechten Vorderhax hielt er leicht angewinkelt in der Schwebe und zuckte zurück, wenn man danach griff. Keine Frage, da musste der Viechdoktor her, und eine von uns machte sich gleich auf den Weg.

Mit Schieben und Zureden brachten wir anderen den Ochsen schließlich so weit, dass er dem vertrauten Stall zuhumpelte, wo er sich auf seinen Stammplatz legte und apathisch den Kopf hängen ließ. Deshalb machten wir uns um seinen Kreislauf erheblich mehr Sorgen als um sein verletztes Bein. Schnell kamen wir deshalb überein, dass er zur Stärkung erst mal einen anständigen Kaffee brauchte. Wir alle hatten so unsere Hausmittelchen in unserer »Apotheke«. Je nachdem, was einem Tier fehlte, bekam es schwarzen Tee oder Kaffee oder Schnaps – ein Obstler stand immer in den Hütten bereit. Und bei Verstopfung – das kam im Winter gelegentlich vor, wenn ausschließlich Heu gefüttert wurde und ein Tier zu wenig trank – gab es Glaubersalz. Man konnte schließlich nicht bei jedem Wehwehchen den Tierarzt rufen. Da hätte sich der Bauer schön bedankt, wenn ihm ständig Rechnungen präsentiert worden wären. Und bei dem Ochsen sollte nun Kaffee helfen.

Damit aber die Resi nicht zu viel von ihrem Vorrat opfern musste, legten wir alle zusammen. Jede von uns spendierte drei Kaffeebohnen, vierundzwanzig Bohnen insgesamt, die gemahlen und aufgebrüht wurden. Nachdem der Kaffee einigermaßen abgekühlt war, füllten wir ihn in eine Bierflasche und nahmen den schwierigsten Teil der Prozedur in Angriff. Mit vereinten Kräften schafften wir es, den Ochsen wieder auf seine drei Beine zu kriegen. Dann zog ihm die Resi den Kopf nach hinten, eine andere hielt ihm das Maul auf, und ich kippte ihm den Kaffee in den Rachen, so wie ich das von meinem alten Ziehvater gelernt hatte. Dabei musste man höllisch aufpassen, dass nichts von der Flüssigkeit in die Luftröhre geriet. Kurze Zeit darauf wirkte der Ochse tatsächlich munterer, aber vielleicht bildeten wir uns das auch bloß ein. Ein Mensch hätte vermutlich von vierundzwanzig Kaffeebohnen Herzklopfen bekommen, aber ein ausgewachsener Ochse? Nun vielleicht ja doch, weil er an Kaffee nicht gewöhnt war. Als wir ihm einen Eimer Wasser hinstellten, begann er zu saufen und fraß auch von dem vorgelegten Heu.

Als der Tierarzt endlich kam, schaute er sich den Ochsen an, betastete seinen kranken Hax und stellte kurz und treffend seine Diagnose samt zugehöriger Therapie: »Der ist gebrochen. Da hilf nur Notschlachten.«

»Was?«, rief ich entsetzt aus. »Erst hat er unseren Kaffee getrunken, und jetzt muss er geschlachtet werden!«

Der Viechdoktor nickte nur, packte sein Zeug wieder zusammen und erbot sich, den Besitzer zu benachrichtigen, damit der alles Notwendige veranlasste. Am nächsten Tag bereits kam der Bauer mit einem Knecht, und gemeinsam transportierten sie den Ochsen auf einem Schlitten zum nächsten Schlachter.

Eine andere »tierische« Geschichte ist mir selbst passiert. Eines Tages erschien mein Bauer, der Sammer-Gregor, mit einem Kleinhäusler auf der Wildalm. Kleinhäusler oder Häusler, wie man sie der Einfachheit halber nannte, waren Bauern, die meist im Dorf wohnten und ein so kleines Sach hatten, dass sie sich höchstens fünf Kühe halten konnten. Da eine Familie davon nicht leben konnte, ging der Mann zur Arbeit, während die Frau die Landwirtschaft besorgte.

So ein Kleinhäusler, der Edi aus Unken, kam also mit meinem Bauern am Vormittag in »meinen« Stall und schaute sich die Kühe an. Es dauerte nicht lange, da hatte er seine Wahl getroffen. Mir versetzte es einen Stich ins Herz, als er ausgerechnet auf die Kuh mit dem Namen »Munter« zeigte, die etwa drei oder vier Jahre alt war, und rief: »Die will ich!«

Von mir aus hätte er jede andere haben können, aber ausgerechnet von dieser wollte ich mich nicht trennen. Munter war eine von denen, die ich selbst großgezogen hatte, und sie war mir schon als Kälbchen ans Herz gewachsen. Nun stand es mir aber nicht zu, mich dagegen zu wehren.

Also druckste ich ein wenig herum und machte dem »Kunden« den Vorschlag, sich doch erst die anderen Kühe genauer anzuschauen. Damit wollte ich eine Gelegenheit schaffen, mit dem Bauern unter vier Augen reden zu können. »Nein, Bauer, die darfst net hergeben«, presste ich zwischen den Zähnen hervor, als sich der Häusler außer Hörweite befand. Zum Glück wusste der Sammer, dass ich etwas von Kühen verstand – immerhin war ich schon seit sieben Jahren in seinen Diensten –, und reagierte wie erwartet.

Als der Edi zurückkam und erklärte, er wolle bei der ersten Kuh bleiben, schüttelte der Sammer energisch den Kopf. »Nein, Edi, die kannst net kriegen. Aber jede andere.«

Unschlüssig blieb der Kleinhäusler eine Weile stehen, ließ seine Blicke noch mal über die Kühe wandern und schüttelte dann den Kopf: »Naa, Gregor. Dann ist heut kein Geschäft zu machen. Die will ich oder keine.«

Der Bauer ließ ihn ziehen, verlor kein Wort über meine Entscheidung und machte sich ebenfalls auf den Heimweg. Ich aber war glücklich, dass ich meine Lieblingskuh hatte behalten können. Ein paar Wochen später sollte ich diese Entscheidung bitter bereuen. Wir waren längst schon wieder zur Wielandseitenalm abgestiegen, als eines Morgens ein Platz im Stall leer blieb – ausgerechnet der von meiner Lieblingskuh. Nanu, dachte ich, was hat das zu bedeuten? Ich ging nach draußen, schaute mich suchend um und entdeckte sie ein paar hundert Meter entfernt auf einer Anhöhe. Doch trotz meiner lauten Lockrufe rührte sie sich nicht vom Fleck. Jetzt melkst erst die anderen, dachte ich, dann gehst sie holen. Vielleicht kommt sie derweil von selbst.

Tat sie aber nicht. Mir blieb keine andere Wahl, als mich auf den Weg zu machen und sie heimzutreiben. Bei dem Versuch, sie zu melken, kam nicht ein Tropfen Milch – ein ganz schlechtes Zeichen. Jetzt schaute ich sie mir genauer an: Ihr Gesichtsausdruck schien mir anders zu sein als sonst, die Augen wirkten irgendwie glasig. Ich holte das Thermometer, maß ihre Temperatur und erschrak: zweiundvierzig Grad! Die normale Temperatur bei einer Kuh beträgt zwar achtunddreißig fünf bis neununddreißig Grad, aber zweiundvierzig Grad ist auch bei ihr die äußerste Grenze. So schnell ich konnte, rannte ich zu meinem Bauern.

»Geh sofort zum Brandner«, schaffte der mir an, »der soll Blut ablassen.« Gemeint war damit, die Kuh zur Ader zu lassen, wie man das früher oft auch bei Menschen gemacht hatte. Bei einem Rind sah das so aus, dass man einen Schnitt in die Halsschlagader machte, damit ein Teil des »kranken« Blutes abfloss. Nach kurzer Zeit schloss sich die Wunde von selbst wieder. Der Brandner war derjenige, zu dem man dann ging, wenn man sich bei einer Tierkrankheit überfordert fühlte, aber nicht gleich den Viechdoktor holen wollte. Er hatte übrigens sein ganzes Wissen von meinem alten Pflegevater, dem Gstatter-Martin, der auf diesem Gebiet eine Menge draufhatte. So viel, dass sogar einmal ein Tierarzt anerkennend sagte: »Was der Moar Martin nicht kann, das können wir auch nicht mehr.«

Atemlos kam ich beim Brandner-Hans an und erstattete ihm Bericht. Er begab sich auf dem direkten Weg zu meiner Alm, während ich noch beim

Sammer vorbeilief, um ihn darüber zu informieren. Vor dem Kuhstall trafen wir uns dann und schauten uns gemeinsam die Munter an. Diese hatte sich inzwischen auf den Boden gelegt und machte ihrem Namen in diesem Moment wirklich keine Ehre.

Der Brandner betastete sie hier, er betastete sie da, er schaute ihr ins Maul, er schaute ihr in die Augen. Kopfschüttelnd kam er dann zu dem Entschluss: »Lassen wir halt das Blut ab.«

»Und wenn es nicht das Blut ist?«, fragte ich besorgt.

Er zuckte die Schultern: »Ich weiß auch net.«

Ja, wenn er so ratlos war, fand ich es unverantwortlich, dass er die Kuh zur Ader ließ. Vielleicht litt sie ja gerade an einer Krankheit, bei der diese Maßnahme lebensbedrohlich für sie werden konnte. Deshalb stellte ich mich ganz entschieden dagegen: »Also, das Blut lassen wir nicht ab!«

»Nun, dann weiß ich mir auch keinen Rat. Wir brauchen den Viechdoktor.«

Auf dem Rückweg ging der Hans beim Sammer vorbei, damit der nach dem Tierarzt schickte. Das war recht umständlich, denn der wohnte in Lofer. Es musste also einer der Buben vom Sammerhof zur Poststelle in Unken gehen, um den Viechdoktor anzurufen. Und dann brauchte man Glück, dass er nicht gerade unterwegs war.

Ich blieb derweilen allein auf der Alm, verrichtete wie gewohnt meine Arbeiten und schaute immer wieder nach meiner Munter. Das angebotene Heu verschmähte sie, von dem Wasser nahm sie ab und zu einen Schluck. Auf keinen Fall wagte ich es, ihr eines von meinen Hausmittelchen wie Tee, Kaffee oder Schnaps einzuflößen, sondern hoffte inständig, der Tierarzt möge bald kommen. Immerhin musste er das letzte Stück, etwa eine Dreiviertelstunde, zu Fuß gehen.

Es war beinahe halb elf, als er endlich auf der Alm eintraf, und inzwischen stockdunkel, sodass er seine Untersuchungen beim spärlichen Licht der Petroleumlampe durchführen musste, aber an solche Arbeitsbedingungen war er gewöhnt. »Doppelseitige Lungenentzündung«, lautete seine Diagnose.

»O mein Gott! Was kann man dagegen tun?«, war meine bange Frage. Eine Kuh konnte man schließlich nicht ins Bett packen! Zumindest war ich froh, den Aderlass verhindert zu haben, der hätte die Kuh zweifellos umgebracht. Dennoch blieb die Lage kritisch.

»Machst ihr lauwarme Brustwickel«, lautete der Therapievorschlag des Tiermediziners. Wie man das bei einem Menschen macht, wusste ich, aber bei einer Kuh? Das musste ich selbst herausfinden. Vom Doktor erfuhr ich nur, wie oft ich sie machen sollte.

»Dreimal eine halbe Stunde mit jeweils einer halben Stunde Pause dazwischen. Dann setzt du drei Stunden aus und fängst wieder von vorn an«, erklärte er.

»Und wie lang soll ich das machen?«

»Das merkst nachher schon von selbst, ob's besser wird.«

Er ging und ließ mich allein mit meiner kranken Kuh. Obwohl es auf Mitternacht zuging, begann ich mit der verordneten Therapie. Ich nahm eines von den überlangen, handgewebten Handtüchern, tauchte es in heißes Wasser und wickelte es der Munter gleich hinter den Vorderhaxen um den Leib, darüber eine Wolldecke, die ich mit Kälberstricken festband. Gutwillig ließ sie sich alles gefallen. Als ob sie spürt, dass ich ihr helfen will, dachte ich. Gewiss, war es schwierig, das alles allein zu bewerkstelligen, aber mit eisernem Willen schaffte ich es. Zehn Tage lang machte ich, genau nach Vorschrift, unaufhörlich Brustwickel. Die drei Stunden Ruhephase in der Nacht nutzte ich zum Schlafen, die bei Tag für meine anderen Aufgaben. Während dieser zehn Tage habe ich gehofft und gebetet: Lieber Gott, lass diese Kuh nicht sterben! Mich plagte nämlich ein schlechtes Gewissen, weil ich dieses Tier nicht losgelassen hatte. Bei uns herrschte nämlich der Aberglaube, dass alles, was man nicht loslassen wollte, am Ende kein Glück bringt.

Zu meiner Erleichterung überlebte meine Munter und war nach zehn Tagen über den Berg! Das erkannte ich daran, dass sie wieder frischer in die Welt schaute und einen gesunden Appetit zeigte. Damit war für mich dieser dumme Aberglaube widerlegt, und ich schickte heiße Dankgebete zum Himmel. Die Kuh gab zwar noch wochenlang keine Milch, holte das aber später überreichlich nach und entwickelte sich wirklich zum besten »Pferd im Stall«.

Almleben zwischen Stall und Gasthaus

Es war wieder mal September. Der Abtrieb von der Wielandseitenalm stand bevor, und wie immer, wenn während des Almsommers keinem Tier etwas passiert war, würden alle geschmückt nach unten ziehen. Für uns Sennerinnen aber stand am Wochenende vorher alljährlich ein kleines Abschiedsfest auf der Winklmoos bei der Gusti auf dem Programm. Sie war schon eine ältere Frau, die seit Jahrzehnten viele Monate auf der Alm verbrachte. Inzwischen nahm man es locker mit dem Grenzübergang, und so konnten wir Österreicherinnen ungehindert auf die deutsche Seite. Wir trafen uns gegen achtzehn Uhr und aßen gemeinsam zur Nacht, wozu jede etwas beigesteuert hatte. Anschließend redeten, lachten und sangen wir, und eine von uns begleitete die anderen mit ihrer Gitarre. Auf einmal standen da – wie aus dem Boden gewachsen – drei junge Männer vor uns.

»Feiert ihr den Almabtrieb?«, wollte einer von ihnen wissen.

»Ja, wenn's recht ist«, antwortete die Rosa.

»Freilich ist es recht. Dürfen wir mitfeiern?«

Keine von uns hatte etwas dagegen, und die Gusti als »Hausherrin« meinte: »Gern, wenn ihr mit Buttermilch und Kasbroten zufrieden seid.« Mehr war nämlich von unserer abendlichen Mahlzeit nicht mehr übrig. Sie waren mehr als zufrieden, nahmen in unserer Runde Platz. Einer zog seine Mundharmonika hervor und begleitete unsere Gesänge ebenfalls. Natürlich kam man auch miteinander ins Gespräch und wollte wissen, was der eine oder die andere »beruflich« machte. Als ich meinem Sitznachbarn erzählte, dass ich schon fast zehn Jahre beim Sammerbauern in Gföll sei, fragte er: »Hättest nicht Lust, zur Abwechslung mal nach Reit im Winkl zu gehen?«

Reit im Winkl kannte ich. Zum ersten Mal war ich 1951 dort gewesen, zu einem Trachtenfest, später dann noch ein- oder zweimal, und der Ort gefiel mir. »Ja, schon«, antwortete ich. »Wüsstest du dort vielleicht einen Platz für mich?« – »Zufällig ja. Beim Glapfhof suchen sie jemanden, soviel mir bekannt ist«, sagte er und schrieb mir die Adresse auf.

Auf dem nächtlichen Heimweg und am anderen Morgen ging mir das Angebot nicht mehr aus dem Kopf, und ich beleuchtete es von allen Seiten. Nicht dass ich mit meinem Arbeitgeber unzufrieden oder mir der Lohn zu gering gewesen wäre, aber ich hatte das Gefühl, wenn ich so weitermachte, würde ich bald aufgearbeitet sein. Vielleicht war ja die anfallende Arbeit auf der Glapfalm etwas geringer als beim Sammer. Ein Nachteil hingegen war auf jeden Fall die größere Entfernung von daheim. Da es weder arbeitsfreie Tage und erst recht keinen Urlaub gab, würde ich so gut wie nie mehr nach Hause können. Der Schritt wollte also gut überlegt sein. Aber schon gegen Mittag stand mein Entschluss fest: Zumindest wollte ich mir den Glapfhof einmal anschauen.

Mit dem Bus fuhr ich an einem der nächsten Tage von der Winklmoosalm hinunter bis zur Dorfmitte, ging dann zu Fuß in entgegengesetzter Richtung bergauf aus dem Ort hinaus und fand nach einem Marsch von etwa zwanzig Minuten auf der linken Straßenseite den Hof, auf dem in großen Buchstaben der Name stand. Von den Besitzern wurde ich freundlich begrüßt und ausführlich über mein Arbeitsgebiet informiert. Da zum Hof eine Gastwirtschaft gehörte, erwartete man von der zukünftigen Sennerin, dass sie in der Wintersaison dort mitarbeitete, während von Mai bis September zwanzig Kühe auf der Alm zu versorgen waren. Das hörte sich ja ganz gut an, dachte ich – das klang ja geradezu nach Urlaub. Doch die Sache hatte einen Haken, es war eine bewirtete Alm. Ich musste also davon ausgehen, dass jeden Tag in der Zeit von elf bis siebzehn Uhr Gäste zu betreuen waren, mal mehr, mal weniger. Sei's drum, sagte ich mir, das konnte doch ganz interessant werden. Als ich dann noch hörte, dass mein Monatslohn hundert D-Mark betragen sollte, bedurfte es von meiner Seite keiner Bedenkzeit mehr. Auch die Bauersleute zögerten nicht lang. »Uns passt es. Schlag ein. Von uns aus kannst gleich morgen anfangen.«

»So schnell geht's nicht«, schränkte ich ein. »Ich muss erst beim Sammerbauern kündigen und meine Kühe noch um Allerheiligen nach unten führen.«

»Also abgemacht, am 4. November kommst zu uns.« Ich schlug ein.

Als mein Bauer zwei Tage später mit seinem zweiten Sohn, dem Franzi, auf die Alm kam, um mit mir gemeinsam die Kühe zum Futterhof zu treiben, teilte ich ihm meinen Entschluss mit.

»Schade«, sagte er nur, sonst nichts. Auch die Bäuerin zeigte Verständnis, als ich mit meiner Herde auf dem Hof erschien. »Es tut mir leid, dass du weggehst. Aber ich kann verstehen, dass du mal was anderes sehen willst. Außerdem muss man mit so einem Abschied immer rechnen. Ich hätt allerdings eher gedacht, dass du uns mal weggeheiratet wirst.«

Am 4. November 1958 trat ich dann pünktlich morgens um acht meinen Dienst auf dem Glapfhof an. Außer dem Bauern und der Bäuerin sowie zwei Kindern, dem fünfjährigen Alexander und der zweieinhalbjährigen Verena, gab es noch zwei Köchinnen, eine Bedienung fürs Lokal und einen Rossknecht. Ich selbst sollte im Winterhalbjahr Mädchen für alles sein, überall einspringen, wo eine Hand fehlte: beim Putzen, beim Bettenmachen, als Spülhilfe in der Gasthausküche oder als Kindermädchen. Hauptsächlich aber kümmerte ich mich ums Vieh, und da merkte ich bald den Unterschied, ob man dreißig Kühe zu melken hatte oder nur zwanzig.

Meine neue, abwechslungsreiche Tätigkeit gefiel mir ganz gut. Das Einzige, was ich vermisste, waren die gemütlichen Winterabende in der Stube, das Spinnen und das Erzählen von Geschichten. Zum einen blieb dazu keine Zeit – in einem Wirtshaus läuft ja am Abend das Hauptgeschäft – , zum andern besaß man auf dem Glapfhof bereits einen Fernseher, der in der Stube stand und um den sich am Ruhetag alles sammelte. Und da alle gebannt in die Flimmerkiste starrten, blieb die Kommunikation auf der

Strecke. Deshalb war ich recht froh, als ich Ende Mai mit meinen Viechern auf die Glapfalm ziehen konnte. Die Getränke, die ich für die Bergtouristen brauchen würde, hatte man bereits Tage zuvor mit dem Auto über die breite, geschotterte Fahrstraße hinaufgeschafft.

Kaum hatte ich am ersten Morgen meine Stallarbeit erledigt, nahmen schon die ersten vier Wanderer auf meiner Terrasse Platz, auf der ein langer Tisch mit zwei Bänken stand. Da war es gerade mal neun Uhr. »Ihr seid aber früh dran«, begrüßte ich sie.

»Ja, der frühe Vogel fängt den Wurm«, erwiderte einer lachend. Ein anderer erklärte: »Wir sind schon seit sechs Uhr unterwegs und möchten jetzt eine richtig schöne, frische Buttermilch.«

»Dafür seid ihr aber wirklich zu früh dran. Ich hab die Milch nicht mal durch die Zentrifuge getrieben, geschweige denn Butter gemacht. Wenn ihr in zwei Tagen wiederkommt, aber bittschön nicht vor elf Uhr, dann ist meine erste Butter fertig, und dann gibt's auch Buttermilch.«

Nach zwei Tagen standen meine vier Gäste Punkt elf tatsächlich wieder vor der Tür. »Sind wir nicht pünktlich?«, fragten sie lachend.

»Jetzt kriegt ihr auch eure Buttermilch. Sie ist grad fertig geworden.«

Und da meine Gäste außer Durst auch noch Hunger mitgebracht hatten, konnte ich ihnen gleich von dem frischen Brot hinstellen, dass ich schon in der Früh beim Bäcker im Dorf geholt hatte, bestrichen mit meiner Butter und dick mit Käse belegt. Der stammte allerdings nicht aus meiner Produktion, sondern von einer anderen Alm und war vom Bauern rechtzeitig hergeschafft worden.

Meine Erwartung, dass für mich das Leben auf der Glapfalm leichter würde, erfüllte sich nicht. Gewiss, ich hatte weniger zu melken und zu buttern und brauche keinen Käse zu machen, dafür musste ich stundenlang Gäste bewirten. Es war ja nicht damit getan, dass ich ihnen Getränke hinstellte. Ich musste Brot besorgen, schneiden, bestreichen und belegen – alles keine schweren oder unangenehmen Arbeiten, aber sie kosteten Zeit. Zudem häufte sich mit der Zahl der Gäste der Abwasch. Dennoch machte es mir Spaß, täglich von netten, gut gelaunten Menschen umgeben zu sein.

Meist wurde es gegen vier am Nachmittag langsam ruhiger, aber es gab auch hartnäckige Touristen, die einfach hocken blieben. Zu denen sagte ich dann: »Ihr könnt ruhig sitzen bleiben, ich muss mich aber um meine Viecher kümmern.« Bald schon hatte ich so etwas wie Stammkunden. Leute, die im Dorf zwei oder drei Wochen Urlaub machten, kamen während dieser Zeit immer wieder mal rauf. Außer diesen Feriengästen kehrten auch Einheimische bei mir ein. Es hatte sich nämlich herumgesprochen, dass es auf der Glapfalm eine Neue gab. Und die Junggesellen unter ihnen wollten gewiss ausloten, ob da eventuell was laufen konnte. Mit allerlei Komplimenten fingen sie an – und welche Frau hört die nicht gern? –, doch wenn einer allzu zudringlich wurde und anfragte, ab wie viel Uhr er mich am Abend besuchen dürfe, klappte bei mir das Visier zu. Die meisten wussten mein abweisendes Gesicht gleich richtig zu deuten.

Bei anderen musste ich deutlicher werden: »Tagsüber bin ich gern für euch da. Aber der Abend gehört mir, mir ganz allein.« Das verstand sogar der Begriffsstutzigste. Erfreulicherweise wurde niemand aufdringlich oder gar zudringlich.

Mit einigen Feriengästen freundete ich mich regelrecht an. Die luden mich zum Tanzen ins Gasthaus »Zur Post« in Reit im Winkl ein. Wenn man wollte, hätte man jede Woche einmal ausgehen können, denn alle vierzehn Tage fand am Samstagabend Almtanz in der »Post« statt und in den Wochen dazwischen vierzehntägig am Montag ein Begrüßungstanz für die Gäste. Solche Einladungen nahm ich begeistert an, tanzte ich doch für mein Leben gern. Allerdings gab es immer wieder einige Herren, die mich zum Tanz holten und mir anboten, mich später nach Hause zu begleiten. Da verschwand ich gegen elf einfach heimlich und unbemerkt und machte mich auf den Heimweg, sodass ich noch vor Mitternacht auf meiner Alm eintraf. Manch einer erschien dann am nächsten Tag bei mir und beschwerte sich: »Warum bist so schnell verschwunden? Ich wollt dich doch begleiten, damit du im Dunkeln sicher nach Hause kommst.« Ich lachte: »Ohne Begleitung fühlte ich mich sicherer.« Eine Antwort, die jeder verstand.

Es war an einem Samstag im August. Wieder einmal war ich von einem netten Ehepaar zum Almtanz eingeladen und freute mich schon sehr darauf. Sobald die letzten Gäste gegangen waren, fing ich um halb fünf mit Melken an, damit ich ja rechtzeitig fortkam. Als ich um halb sieben mit allem fertig war und die

Kühe rausließ, sah ich von Ferne ein Gewitter aufziehen, was mich jedoch nicht weiter beunruhigte. Das kam öfter vor, dass die Tiere bei einem Gewitter im Freien waren. Ich kehrte also in die Hütte zurück, wusch mir den Stallgeruch ab und zog mein Ausgehdirndl an. Plötzlich hörte ich eine Kuh laut schreien. Was hatte denn das zu bedeuten? Ein Blick aus dem Stubenfenster genügte: Alle Kühe standen dicht gedrängt unter den Buchen unweit der Hütte, suchten Schutz vor dem Regen, in den sich reiskorngroße Hagelkörner mischten.

»Deswegen braucht's euch net so anzustellen«, tadelte ich meine Rindviecher. »Das habt's doch schon öfter erlebt.«

Die Leitkuh aber gab keine Ruhe, sondern brüllte zum Erbarmen. Damit mein schönes Dirndl nicht nass wurde, ging ich in die Kammer, um mir meinen Jagermantel überzuwerfen. Inzwischen hatte sich der Regen in puren Hagel verwandelt, und die Körner fielen nun so dicht wie ein Schneegestöber. Ich rannte zum Stall, stieß den Riegel beiseite und riss die Tür auf. Die Leitkuh vorneweg marschierten meine Tiere eilig hinein und nahmen brav ihre Stammplätze ein. Kaum war die letzte Kuh im Stall, da ging es richtig los! Es blitzte und krachte und hagelte, als sei der Weltuntergang gekommen, und die Hagelkörner hatten mittlerweile die Dicke von Taubeneiern erreicht. Ja, es waren sogar solche darunter, die so groß waren wie ein kleines Hühnerei. So etwas hatte ich noch nie zuvor erlebt. Sie prasselten auf die Erde nieder und zerschlugen die Blätter der Büsche und Bäume. Im Nu war die ganze Wiese weiß, als hätte es geschneit. Da tat ich meinen braven Kühen Abbitte: »Tut mir leid, dass ich euch geschimpft hab. Ihr seid halt doch gescheiter als ich.«

Anschließend legte ich sie alle an die Kette, stopfte ihnen Heu in ihre Barn und ging durch die Verbindungstür in den Wohnteil der Hütte zurück. Ein bisschen wehmütig legte mein Feiertagsgewand wieder ab, denn das mit dem Tanz konnte ich für heute vergessen. Doch als ich einen letzten Blick aus dem Fenster warf, glaubte ich meinen Augen nicht zu trauen. Der ganze Spuk war vorbei, und die Sonne schien, als sei nichts gewesen. Ich fühlte mich hin und her gerissen. Sollte ich meine Tiere wieder rauslassen und doch noch zum Tanzen gehen? Ach, Unsinn, draußen lag ja noch eine dicke Schicht Hagelkörner, auf der es sich schwer gehen ließ. Und rutschig war es überdies. Großmütig verzichtete ich also aufs Ausgehen und legte mich frühzeitig schlafen. Ein guter Schutzengel muss mir das eingeflüstert haben, denn in dieser Nacht sollte noch allerhand passieren.

Was, das erfuhr ich allerdings erst am nächsten Tag, als gegen zwölf die ersten Gäste kamen. Keine Sommerfrischler, sondern Einheimische, was ebenso ungewöhnlich war wie die relativ späte Stunde. »Dass du noch da bist«, begrüßten sie mich verwundert.

»Warum sollt ich nimmer da sein?«, fragte ich verblüfft zurück.

»Weil's in der Nacht eine Mordsüberschwemmung gehabt hat.«

»Wieso?« Meine Verwunderung wuchs jetzt doch mehr.

»Ja, hast denn davon nix mitgekriegt? Kurz vor Mitternacht hat's noch mal ein Gewitter gegeben – dagegen war das vom Abend ein Waisenkind. Es hat dermaßen gehagelt und geschüttet, dass von der Glapfalm herunter Sturzbäche gekommen sind, die der Hausbach nicht hat halten können. Er ist über die Ufer getreten und hat im Nu sämtliche Straßen im Ortszentrum überflutet. Es sah aus wie in Venedig.«

»Ach was«, lachte ich nur. »So ein Schmarrn! Solche Witze könnt ihr den Touristen erzählen, aber nicht mir.«

»Nein, das ist kein Witz«, beteuerten sie. »Nicht nur die Straßen waren überflutet, sondern die Keller ebenfalls. Die Feuerwehr ist schon seit Stunden im Einsatz, um sie auszupumpen.«

Schön langsam glaubte ich ihnen. Mei, was hatte ich für ein Glück gehabt! Ich dankte meinem Herrgott und meinem Schutzengel und nicht zuletzt meinen Kühen. Denn hätte meine Leitkuh nicht so geschrien, wäre ich zum Tanzen gegangen und ziemlich sicher genau zu der Zeit dort gewesen, wo die Wassermassen zu Tal stürzten. Wer weiß, ob die mich nicht in die Tiefe gerissen hätten. Ich durfte gar nicht daran denken!

Alle zwei Tage wanderte ich in den Ort hinunter, um Brot für mich und meine Gäste zu kaufen. So auch an einem Samstag im September. In der Bäckerei hatte ich vier Brote zu je einem Kilo gekauft und in meinem Rucksack verstaut. Ich befand mich bereits auf dem Heimweg, als mich etwa auf halbem Weg, neben dem Wasserfall, von hinten jemand ansprach: »Ja, wo willst denn so früh am Morgen schon hin und noch dazu mit so schwerem Gepäck?«

Ich blieb stehen, drehte mich um und erblickte einen feschen jungen Mann, der einige Jahre jünger sein mochte als ich. Statt seine Frage zu beantworten, entgegnete ich: »Und du, wo willst du schon so früh hin, ganz ohne Gepäck?«

Lächelnd erwiderte er: »Auf die Glapfalm. Da soll es eine neue Sennerin geben, die will ich mir anschauen.«

»Ja, da schau her! Suchst etwa ein Gspusi oder eine Hochzeiterin?«

Er ließ ein jungenhaftes Lachen hören: »Weder noch. Ein Gspusi hab ich schon, und die soll auch meine Hochzeiterin werden.«

»Wieso willst dir dann die Sennerin anschauen?«

»Ganz einfach, wir brauchen eine neue.«

»Ja, wieso braucht ihr eine neue? Ist euch die andere davongelaufen?«

»Nein. Bis jetzt war meine Tante für uns auf der Alm, dreiundfünfzig Jahre lang. Aber jetzt derpackt sie's nimmer.«

»Aha, und du meinst, der Glapf gibt die seine so ohne Weiteres her?«

»Das ist nicht die Frage. Wichtig ist zunächst, ob sie mir passt.«

»Aha. Und meinst net, dass es ihr auch passen müsst?«

Er schaute mich an, als hätte ich Chinesisch gesprochen. »Ja, wie meinst jetzt das? Darüber hab ich mir noch keine Gedanken gemacht.«

»Na, dann wünsch ich dir viel Glück«, sagte ich und setzte mich wieder in Bewegung.

»Jetzt hast mir aber immer noch nicht verraten, was du so früh in den Bergen willst«, hakte der junge Mann nach.

»Ach so. Ich will auch auf die Glapfalm. Ich muss dort was hinbringen.«

»Dann haben wir ja denselben Weg und könnten gemeinsam gehen. Aber ich kann nicht mit ansehen, dass du dich mit dem schweren Rucksack plagst. Komm, den überlässt jetzt mir.«

Gerne, dachte ich und reichte dem Burschen das sperrige Trumm.

»Du bist aber net von hier?«

»Stimmt. Aber wie kommst darauf?«

»Ganz einfach, wennst von hier wärst, tät ich dich kennen. Außerdem klingt deine Sprache eher österreichisch.«

»Stimmt genau. Du weißt aber gut Bescheid.« Zu gern hätte ich ihn nach seinem Namen gefragt, traute mich aber nicht, weil ich sonst auch den meinen nennen müsste, doch ich wollte die Katze nicht zu früh aus dem Sack lassen.

Als wir die Hütte erreichten, drückte er die Klinke nieder – und schaute verwundert, als sie nicht nachgab. »Wahrscheinlich schläft sie noch«, sagte ich.

»Das glaubst doch selbst nicht. Es ist halb neun durch. Da muss sie doch längst ihre Viecher versorgt haben.«

»Vielleicht hat sie sich danach noch mal hingelegt.«

»Ja, wenn das so eine wär, die könnt ich nicht brauchen.«

»Da hast recht«, pflichtete ich ihm bei. »So eine wär wirklich nix. Vielleicht ist sie ja auch noch im Stall und hat vorn abgesperrt, damit verfrühte Wanderer nicht reinkönnen.«

Er legte meinen Rucksack auf den Terrassentisch und machte sich tatsächlich die Mühe, um die Hütte herumzugehen. Derweil schloss ich die Tür auf, huschte ins Haus, verstaute mein Brot in der Küche und schenkte zwei Gläser Buttermilch ein. Die stellte ich draußen auf den Tisch und ließ die Tür zur Hütte offen. Wenig später kam mein »Gast« zurück mit dem Bescheid: »Im Stall ist sie auch nicht. Da stehen nur die Kühe, aber alles ist blitzsauber.«

Erst dann bemerkte er die Gläser. »Ach, wie kommt denn die Milch hierher? Und wieso steht die Tür auf einmal offen?«

Lächelnd deutete ich auf die Gläser: »Hier ein kleiner Begrüßungstrunk. Willkommen auf der Glapfalm. Oder wär dir ein Bier lieber?«

»Da legst di nieder!« Mehr brachte er in dem Moment nicht heraus, ließ sich auf eine der Bänke fallen und nahm erst mal einen kräftigen Schluck von der Buttermilch.

»So ein raffiniertes Weibsbild«, sagte er. »Jetzt hab ich dich heimlich ausforschen wollen, derweil hast du mich ausgeforscht.« Wir lachten beide.

»Eine Sennerin suchst also«, setzte ich unser Gespräch vom Aufstieg fort. »Für welche Alm wär denn das?«

»Für die Winklmoos.«

»Das taugt mir! Zehn Jahre hab ich auf der anderen Seite der Grenze gearbeitet.«

»Also bist einverstanden?«, fragte er unvermittelt und hielt mir die rechte Hand hin. »Schlag ein! Dann fängst bei uns am 1. November an.«

»Langsam, langsam. So schnell schießen die Preußen nicht. Ehe ich einschlag, muss ich erst mal wissen, mit wem ich es zu tun hab, und euern Betrieb würd ich mir auch vorher gern anschauen.«

»Ah, geh! Den Betrieb anschauen möchte sie sich! Wo gibt's denn so was? Und wieso willst du als Österreicherin auf einmal ein Preuß sein? Aber wenn du's genau wissen willst, ich bin der Sammer-Franz junior, und der Bauer ist der Sammer-Franz senior.«

»Das nenn ich aber Zufall. Der Hof, auf dem ich in Österreich gearbeitet hab, hieß auch Sammer. Und wie heißt der eure?«

»Sammer.«

»Ja, wie gibt's denn so was? Ihr schreibt euch genauso wie der Hofname?«

»Ja, das liegt wohl daran, dass es immer männliche Nachkommen gab und der Hof deshalb in der Familie blieb.«

Am übernächsten Tag schon nahm ich meine »Betriebsprüfung« vor. Sie fiel zugunsten der Sammers aus. Da der alte Bauer genauso sympathisch war wie der junge, schlug ich mit einem guten Gefühl ein. Während wir noch bei einer Brotzeit in der Stube saßen, sagte der Sammer: »Wenn du zehn Jahre an der Grenze zur Winklmoos gearbeitet hast, müsstest doch die Gusti kennen.«

»Die Gusti? Freilich kenn ich die. Wir hatten viel Spaß miteinander. Dann seh ich die gute alte Haut ja da oben wieder.«

»Wiedersehen wirst sie da net.«

»Wieso? Wie geht es ihr? Ist ihr was passiert?«, fragte ich bestürzt.

»Nein, für ihr Alter ist sie noch recht munter, aber ab der nächsten Saison mag meine Tante nimmer auf die Alm. Deshalb trittst du ja ihre Stelle an.«

»Ach, die Gusti ist deine Tante? Da muss aber erst einer draufkommen. Das hätt ich mir nicht träumen lassen, dass ich mal ihre Nachfolgerin werd. Dann kenn ich eure Alm ja schon und werd mich leicht zurechtfinden.«

So kam ich also schneller als gedacht an eine neue Arbeitstelle, denn seit Wochen schon trug ich mich mit dem Gedanken, mich zu verändern. So schön ich das ja anfangs gefunden hatte, eine bewirtete Alm zu führen, so sehr belastete es mich bald, mich ständig um Gäste kümmern zu müssen. Meiner Neigung entsprach es doch mehr, nur mit Rindviechern zu tun zu haben. Mit der Kündigung beim Glapfbauern gab es auch keine Probleme.

Kurz vor Beendigung meiner Tätigkeit auf der Glapfalm wurde ich allerdings noch einmal gründlich verunsichert, ob der Entschluss zu wechseln wirklich richtig war.

Eines Tages tauchte ein Wanderer auf, setzte sich auf die Terrasse und bestellte ein Bier, blieb auch dann noch sitzen, als alle anderen Gäste bereits gegangen waren. Ich überlegte gerade, wie ich ihn loswerden konnte. Vielleicht sollte ich ihn höflich bitten, sich zu verabschieden, weil ich in den Stall müsse, da winkte er mich zu sich heran.

228

»Stimmt das, dass du demnächst beim Sammer anfängst?«

»Ja«, antwortete ich zögernd.

»Da machst einen großen Fehler.«

»Wieso?«, fragte ich, einigermaßen alarmiert.

»Das ist ein schlechter Platz. Von dem würd ich dir dringend abraten. Dort wirst dich nicht wohlfühlen.«

Ich wusste nicht, was ich dazu sagen sollte, fragte also nur, wer er denn eigentlich sei.

»Der Denner-Pankraz bin ich, der Bauer vom Haglhof«, stellte er sich vor und verabschiedete sich sogleich.

Ich blieb mit einem äußerst unbehaglichen Gefühl zurück. Vor allem nachdem ich meine Arbeiten erledigt und keine Ablenkung mehr hatte, geisterten mir lauter trübe Gedanken durch den Kopf. Sollte ich mich so in den beiden netten Männern vom Sammerhof getäuscht haben? Was sollte ich machen? Die Kündigung beim Glapf konnte ich nicht zurücknehmen, denn da gab es bereits Ersatz. Nicht zum Sammer zu gehen, das kam auch nicht infrage. Dann hätte ich kein Obdach und kein Brot gehabt und stünde außerdem als wortbrüchig da, und das wollte ich mir nicht nachsagen lassen. Schließlich hatte ich eingeschlagen – das verpflichtete. In Windeseile würde es sich herumsprechen, dass ich eine sei, die nicht zu ihrem Wort steht, und niemand wäre mehr bereit, mich einzustellen. Wie ich es drehte und wendete, meine Situation schien mir völlig verfahren, und vor lauter Verzweiflung brach ich in Tränen aus. Da hast einen riesigen Fehler gemacht, sagte ich mir immer wieder, bis ich weinend einschlief.

Am nächsten Morgen sah die Welt zum Glück wieder anders aus. Was konnte schon groß passieren? Bei denen wurde doch auch nur mit Wasser gekocht. Außerdem war noch die Gusti da, die ich als ausgesprochen nette Person kannte. So schlimm, wie der Pankraz es dargestellt hatte, würde es schon nicht sein. Und wenn doch, konnte mich niemand daran hindern, nach einem Jahr wieder zu gehen.

Jahre auf der Winklmoos

Obwohl ich mir immer wieder Mut zuredete, trat ich am 1. November 1959 mit bangem Herzen meine neue Stellung an. Doch meine Bedenken verflogen sogleich bei dem ausgesprochen herzlichen Empfang, den man mir bereitete. So hatte ich das noch nirgends erlebt. Und zudem vermittelte mir die Gusti, die jetzt in der Familie lebte, von Anfang an ein Gefühl der Geborgenheit. Ganz allerdings wollten mir die Warnungen des Haglbauern nicht aus dem Kopf. Pass auf!, warnte mich eine innere Stimme. Vielleicht tun sie erst recht scheinheilig, und später zeigen sie ihr wahres Gesicht. So etwas soll ja schon vorgekommen sein.

Da die Kühe seit Mitte Oktober im Stall standen, übernahm ich vorerst die Aufgaben einer Stallmagd. Diese Arbeiten hatte ich schon immer gern gemacht, und bald war der Stall sauberer als zuvor. Der Sammer zeigte mir seine Anerkennung nicht nur durch wohlwollende Blicke und lobende Worte, sondern auch mit einem ansehnlichen Geschenk zu Weihnachten: einer Armbanduhr. Ich war überwältigt, denn es war die erste Armbanduhr meines Lebens! Was ich bisher an Geschenken von meinen Dienstherren bekommen hatte, war das Übliche: mal eine Schürze, mal ein Kopftuch, mal Socken oder Strümpfe. Andere Dinge schenkte man den Mägden in der Regel nicht. Auch diese Anerkennung trug dazu bei, dass ich mich immer wohler fühlte auf dem Sammerhof. Und vergessen waren die warnenden Worte des Hagl-Pankraz.

Erst als es Anfang April auf die Niederalm in Seegatterl ging, kamen sie mir wieder in den Sinn. Konnte er das hier vielleicht als schlechten Platz bezeichnet haben? Aber warum? Mir gefiel es nämlich auch auf dieser Alm auf Anhieb. Und was die Arbeitsbedingungen anging, das waren die besten, die ich jemals gehabt hatte. Besseres ließ sich kaum wünschen. Nicht anders erging es mir, als es Mitte Juni hinaufging auf die Hochalm, nach Winklmoos, wo ich mich bereits bestens auskannte und zudem fast alle meine Kolleginnen wiedertraf, von denen ich vor knapp zwei Jahren Abschied genommen hatte. Besonders die Gföller Sennerinnen staunten, dass ich nun auf der anderen Seite der Grenze arbeitete. Die Winklmoos wartete außerdem mit einem Vorzug auf, den kaum eine andere Alm zu bieten hatte, dort gab es bereits elektrisches Licht. Das bedeutete nicht nur eine Erleichterung bei der abendlichen Arbeit, sondern brachte auch private Annehmlichkeiten. Jetzt konnte ich am Abend auch mal lesen, und das Stricken ging einem ebenfalls besser von der Hand als im schwachen Schein einer Petroleumlampe.

Es war Ende September, ich war mit meinen Viechern seit ein paar Wochen wieder auf der Niederalm, als es so gegen halb neun, draußen war es bereits stockfinster, an meine Tür klopfte. Nicht dass ich ein ängstlicher Mensch wäre, aber wenn es totenstill um einen herum ist und man in ein Buch vertieft dasitzt, zuckt man ordentlich zusammen. Wer würde mich noch so spät besuchen wollen? Trotzdem war ich recht arglos, als ich den Riegel zurückschob, doch dann erschrak ich zu Tode. Zwei schwarze Gestalten standen vor meiner Tür. Sie sprachen kein Wort, schoben mich einfach beiseite und drängten sich in meine Stube. Im Schein der Lampe konnte ich Einzelheiten erkennen. Der Größe nach mussten es Männer sein. Ihre Gesichter waren mit Ruß verschmiert, und auf dem Kopf trugen sie Schlapphüte, die sie weit in die Stirn gezogen hatten. Bekleidet waren sie mit schwarzen Wettermänteln, wie man bei uns die Umhänge der Waldarbeiter nennt.

Endlich machte einer der beiden den Mund auf: »Schnell, schieb den Riegel vor!«

Wie unter Schock gehorchte ich. »Schnell, versteck uns! Der Förster ist hinter uns her«, forderte jetzt die andere Spukgestalt. In dem Moment erkannte ich die Stimme: Es war ein Bursche aus Ruhpolding. Meine Angst war wie weggeblasen, und mein Kampfgeist erwachte. »Ja, ihr Hallodri! Ihr Lumpen! Ihr Herumtreiber! Schamt's ihr euch gar net, nachts unbescholtene Leute zu erschrecken?«, schimpfte ich los. »Nix werd ich tun. Meint ihr, ich wollt in eure unsauberen Händel hineingezogen werden? Schaut, dass ihr weiterkommt, und sucht euch eine Blödere als mich.«

»Du kannst uns doch jetzt nicht vor die Tür setzen«, jammerte die mir bekannte Stimme. – »Dann laufen wir dem Förster ja grad in die Arme«, klagte der andere.

»Ja, wenn der euch schon so dicht auf den Fersen ist, dann nutzt es auch nichts, wenn ich euch bei mir versteck. Dann wird der doch bestimmt bei meiner Hütte anklopfen.«

»Da hats' recht«, sagte der eine. – »Ja, was machen wir jetzt?«, fragte der andere.

»Wenn ihr wollt, lass ich euch in den Kuhstall, dann könnt ihr durch die Hintertür verschwinden. Mehr kann ich net für euch tun.«

Während wir durch den Kuhstall zum Hinterausgang gingen, gab ich ihnen noch eine gut gemeinte Ermahnung mit auf den Weg: »Lasst die Finger von der Wilderei, dann kommt's auch nicht in eine solche Situation. Und wenn ihr's trotzdem nicht lassen könnt, merkt euch eines: Zu mir braucht's nimmer kommen und um Unterschlupf bitten. Mir bleibt die Hütte sauber!«

Schon waren sie in die Nacht entschwunden, und ich schob mit Schwung meinen Riegel vor. Eilig kleidete ich mich aus und legte mich ins Bett, konnte aber lange nicht einschlafen. Immer wieder horchte ich nach draußen, ob nicht der Förster an meine Tür klopfte, doch alles blieb ruhig. Kurz vor vier riss mich mein Wecker aus dem Schlaf, und für einen Moment glaubte ich, das Ganze nur geträumt zu haben. Erst die Dreckbatzen in meiner Stube, die von den schwarzen Stiefeln der Männer stammten, überzeugten mich davon, dass ich das alles wirklich erlebt hatte. Aber ich hörte nichts mehr von oder über die beiden Burschen, und auch der Förster fragte nicht nach ihnen. Merkwürdig, dachte ich, wo er ihnen doch angeblich dicht auf den Fersen gewesen sein soll! Bisweilen habe ich später daran gezweifelt, ob es sich tatsächlich um Wilderer handelte oder nicht bloß um Burschen, die sich einen dummen Scherz erlaubten.

Ansonsten lief das Leben seinen gewohnten, gleich-mäßigen Gang – so wie es eben zugeht auf einer Alm. Da sind die Viecher das Wichtigste und wir Sennerin sehr darauf bedacht, dass keinem etwas passiert. Das galt insbesondere, wenn eine Kuh auf der Alm kalbte. Allerdings kam das nicht gerade häufig vor, denn im Allgemeinen achteten die Bauern darauf, ihre Kühe so decken zu lassen, dass sie im heimischen Stall kalb-ten, wo im Notfall der Tierarzt schneller zur Stelle war. Leider funktionierte es jedoch nicht immer. Mal hatte eine Kuh nicht aufgenommen und musste vier Wochen später noch mal zugelassen werden oder gar ein drittes Mal. Oder man glaubte, es habe geklappt, weil sie den Stier nicht mehr an sich heranließ, was aber nicht stimmte, und sie wurde dann erst auf der Alm trächtig. Kurzum, trotz aller entsprechenden Maßnahmen geschah es immer wieder, dass eine Kuh auf der Alm »niederkam«.

Mit einer normalen Geburt wird jede Sennerin in der Regel allein fertig. Normal heißt bei einer Kuh, dass das Kalb erst mit den Vorderhaxen und dann mit dem Kopf kommt. Bei allen anderen Lagen sind Probleme vorprogrammiert. In einem solchen Fall ruft man zunächst eine ältere, erfahrene Nachbarin zu Hilfe und nur, wenn auch die nicht weiterweiß, den Tierarzt. Falls ich aber keine Schwierigkeiten erwartete, diese jedoch unversehens auftauchten,

habe ich auch schon mal auf einen Grenzer zurück-
gegriffen, der auf der Winklmoos gerade seine Run-
den drehte. Meist aber spürte man es, wenn Gefahr
im Verzug war.

Besonders gut erinnere ich mich an einen Fall. Zwar
hätte ich nicht sagen können, was nicht stimmte, aber
vorsichtshalber bat ich zwei Kolleginnen um Unter-
stützung. Gleich zwei, weil eine dann zur Not immer
noch den Viechdoktor alarmieren konnte. Die Kuh
mühte sich und mühte sich, doch nichts ging voran,
und so entschloss ich mich, eine der Sennerinnen ins
Tal zu schicken. Währenddessen versuchte ich es mit
der anderen weiter, und endlich, endlich tat sich was.
Zwei Vorderhaxen schoben sich nach außen, um die
wir je ein Seil banden und daran aus Leibeskräften
zogen. Geschafft! Wir hatten ein lebendiges Kalb auf
die Welt geholt, das sich anstrengte, auf seine wack-
ligen Beine zu kommen. Aber es war so winzig, dass
ich mir sagte, da müsse noch was nachkommen. Ich
fasste hinein und ertastete tatsächlich weitere Beine
und etwas Größeres, einen Kopf oder den Arsch.
Doch dieses Kälbchen ließ sich nirgends packen.
Nach einer Zeit, die uns wie eine Ewigkeit erschien,
kam schließlich der Tierarzt und holte mit Tricks, die
wir nicht kannten, auch das zweite Kalb, aber es war
tot. Da es sich um einen kleinen Stier handelte, war
die Trauer nicht allzu groß, denn für den Bauern waren weibliche Kälber wichtiger, rein wirtschaftlich
gesehen.

Ein anderes Mal war ich es, die auf der Winklmoos
zu einer problematischen Entbindung gerufen
wurde. Als ich eintraf, sah ich einige Kolleginnen, die

hilflos um die kalbende Kuh herumstanden. Offensichtlich dauerte das Ganze bereits eine Weile, ohne dass sich ein Fortschritt erkennen ließ. Ich schob die anderen beiseite und erkannte sogleich das Problem. »Das Kalb liegt arschlings«, sagte ich. »Da kann nix gehen.«

»Wie kannst du so blöd daherreden?«, fuhr mich eine ältere Sennerin an.

»Wenn ich es euch sag! Was da rausschaut, sind keine Vorderhaxen.«

Sie glaubten mir trotzdem nicht und warfen mir Besserwisserei vor.

Um das Kalb im Mutterleib zu drehen, dazu war es zu spät, weil die Hinterbeine schon zu weit heraushingen. Aber auch für einen solchen Fall gab es noch eine Lösung, wie mich mein Ziehvater Martin gelehrt hatte. Ich band – mithilfe einer der Kolleginnen – um jede Hinterhaxe einen Kälberstrick und befestigte dessen Enden an einem breiten Holzstück, das vier, fünf Personen gleichzeitig anfassen konnten. Ich selbst stellte mich ganz dicht an die Kuh, um in dem Moment das Kalb packen zu können, wenn endlich die Vorderhaxen auftauchten. Auf mein Kommando zogen die vier anderen kräftig an dem Holzstück, während ich im rechten Moment den rechten Griff tat. Wir konnten unser Glück kaum fassen, dass wir ein lebendes Kälbchen, und ein weibliches dazu, vor uns hatten. Eine Weile stand es noch etwas unsicher auf den Beinen, erholte sich aber schnell von den Strapazen seiner Geburt. Nicht nur das Kalb gedieh großartig – die geschundene junge Erstgebärende überstand ihre schwere

Entbindung ebenfalls ohne Schaden. Aber niemand verlor ein Wort darüber, dass ich recht gehabt hatte mit meiner Diagnose, wodurch Kuh und Kalb gerettet worden waren.

So verging die Zeit, und auch auf dem Sammerhof tat sich so einiges. Anfang der Sechzigerjahre heiratete der Franz junior und bekam das Anwesen überschrieben. Es folgten, immer hübsch im Abstand von zwei Jahren, drei muntere Enkel, die den Fortbestand des traditionsreichen Hofes zumindest für eine weitere Generation sicherten. Sehr zur Freude des Altbauern, der bald nur noch bei allen »der Opa« hieß. Aber er nahm noch regen Anteil an den Geschicken seines Betriebs, und so ging er jeden Sonntag nach dem Gottesdienst zum Stammtisch, um auf dem Laufenden zu bleiben, was und wie es anderswo gemacht wurde. Und uns brachte er allerlei Dorftratsch mit.

Eines Sonntags im März, inzwischen diente ich bereits seit sieben oder acht Jahren auf dem Sammerhof, zählte der Opa beim Mittagessen auf, wen er alles am Stammtisch getroffen habe. Dabei fiel auch der Name Hagl-Pankraz. Mein Gott, den hatte ich zwischenzeitlich ja ganz vergessen. Jetzt aber wurde ich hellhörig. »Wisst ihr, was der Pankraz zu mir gesagt hat?«, fragte der Opa. Alle schauten ihn erwartungsvoll an. »Der Pankraz hat gesagt: ›Bei euch ist doch die Anna im Dienst. Du kannst froh sein, dass du die gekriegt hast. Da kannst weit gehen, bis du eine so tüchtige Sennerin findest.‹ – ›Das weiß ich‹, hab ich ihm geantwortet. ›Das brauchst mir net zu erzählen.‹«

Ich dachte, ich hätte mich verhört. »Opa, was hat er gesagt?«

Da wiederholte der Altbauer die Sätze noch einmal. Unglaublich! So ein scheinheiliger Patron, dieser Hagl-Pankraz! Jetzt redet er dem Sammer schön, während er ihn damals bei mir so schlecht gemacht hatte, dass ich beinahe nicht hingegangen wäre, aber das behielt ich für mich. Ich wollte schließlich zwischen den Stammtischbrüdern keinen Unfrieden stiften.

Die Gusti war auch noch da, half mit, soweit es ihre Kräfte zuließen, und wurde von allen Hausbewohnern »Tante« genannt, obwohl sie mittlerweile Großtante war.

Am 9. Juni 1969, ich war gerade in Seegatterl beim abendlichen Melken, da kam ein junger Bursche ziemlich außer Atem bei mir an, als ob er lange und weit gerannt wäre. »Du bist doch die Anna?«, vergewisserte er sich.

»Ja, schon. Und wer bist du?«

»Ich bin der Peppi vom Gasthaus Seegatterl.«

»Und warum suchst du mich?«

»Ich soll dir ausrichten, dass deine Tante Traudl angerufen hat. Deine Mutter sei heute gestorben.«

Diese Nachricht bestürzte mich sehr, vor allem weil sie so plötzlich kam. Sie war erst achtundfünfzig Jahre alt und meines Wissens nicht ernstlich krank. Gewiss, es war schon mal die Rede davon gewesen, dass sie ein schwaches Herz habe und zuweilen unter Atembeschwerden leide, aber daran stirbt man doch nicht, dachte ich. Besonders traurig stimmte es mich, dass wir nun keine Gelegenheit mehr haben würden,

die lange Zeit der Entfremdung endgültig zu über-
winden. Ich musste an ihren fünfzigsten Geburtstag denken, zu dem sie ihre Geschwister und ihre
Töchter eingeladen hatte. Es war so schön und lustig gewesen, und alle genossen es, in diesem großen
Kreis zusammenzusitzen. Und nun war sie tot.

Am Beerdigungstag fuhr ich mit dem Bus hinauf
auf die Winklmoos und ging von dort zu Fuß nach
Unken. Nach dem stillen Trauergottesdienst fand
eine Beerdigung im kleinen Kreis statt. Am Grab
standen nur ihr Ehemann, ihre vier Töchter, ihre
Geschwister sowie ihre Freundin, meine Ziehmutter
Walburga, die die Burgi mitgebracht hatte, dazu ein
paar Bekannte und Nachbarn, die meiner Mutter die
letzte Ehre erweisen wollten.

Bei dem anschließenden Mahl waren nur Famili-
enangehörige anwesend, und jetzt erfuhr ich endlich
von Traudl, der um vier Jahre jüngeren Halbschwester meiner Mutter, wie es zu ihrem plötzlichen Tod
gekommen war. Ihr Ehemann, der Huber-Franz,
der seit einigen Monaten in Rente und demzufolge
daheim war, bemerkte plötzlich, dass die Kathi kaum
noch Luft bekam. In Panik stürzte er zur nächsten
Telefonzelle und forderte einen Sanka an, damit seine
Frau ins Spital gebracht wurde. Offensichtlich waren
die Sanitäter schnell zur Stelle und lagerten meine
Mutter in fast sitzender Position. Der Franz durfte
an ihrer Seite bleiben, und mit Blaulicht und Mar-
tinshorn ging es auf dem kürzesten Weg nach Salz-
burg, der von Unken aus über Deutschland führte.

Als man nach dem Grenzübergang am Gasthaus
»Röhrenwirt« vorbeifuhr, erzählte die Traudl, habe

die Kathi noch einen Scherz gemacht und gesagt: »Lasst uns hier aussteigen, Buam. Hier habens' bestimmt ein besseres Bier als im Spital.« Und nachdem die Sanitäter ihre Patientin in der Notaufnahme abgeliefert hatten, wies sie die herbeigeeilten Pfleger an: »Buam, bettet mich net zu tief, das derpack ich nicht.« Sie hat es trotzdem nicht derpackt und starb nur wenige Minuten nach ihrer Einlieferung. Zwar gelang es den herbeigerufenen Ärzten, sie zu reanimieren, denn sie schlug tatsächlich noch einmal die Augen auf, doch nur für kurze Zeit. »Vor lauter Schreck, als sie die vielen Doktoren um ihr Bett sah, starb sie endgültig«, vermutete meine Tante Traudl.

Anschließend vertraute sie mir noch etwas anderes über meine Mutter an, von dem ich bisher nichts wusste: dass sie nämlich jahrelang im Dorf die Totenwache versehen hatte. Seit es in Unken eine Leichenhalle gab, wurden die Verstorbenen nicht mehr wie früher zu Hause aufgebahrt, und damit entfiel auch der schöne Brauch des gemeinsamen Rosenkranzbetens von Nachbarn und Familienangehörigen im Trauerhaus. Damit aber die Verstorbenen nicht völlig allein und verlassen dalagen, wurde eine Totenwache eingeführt, und diesen Dienst hatte meine Mutter jahrelang gewissenhaft versehen. Und weil sie dem Pfarrer leidtat, dass sie so mutterseelenallein neben einem Toten wachte, hat er sie mindestens einmal während jeder Wache zu sich eingeladen und mit ihr Kaffee getrunken. Als dies in der Woche vor ihrem Tod wieder mal der Fall war, soll sie gesagt haben: »Herr Pfarrer, die nächste Leich bin ich.«

Mit ihrer Prophezeiung hat sie leider recht gehabt.

Ein Jahr später, im September, erreichte mich auf der Alm abermals eine traurige Nachricht. Diesmal kam sie von der Walburga. Ihr Mann, der Gstatter-Maximilian, war im dreiundsechzigsten Lebensjahr gestorben. Das ist doch kein Alter zum Sterben, dachte ich erneut. Vielleicht hatte es einen Unfall gegeben? Oder er war gar beim Wildern erwischt worden? Aber nein, so blöd konnte der Max nicht sein, in seinem Alter noch auf die »Pirsch« zu gehen!

Außer seinen acht Kindern und Schwiegerkindern und einer stattlichen Schar von Enkeln hatten sich sämtliche Verwandte sowie viele Freunde und Bekannte in der Kirche zu Unken versammelt, und nach einem feierlichen Requiem bewegte sich ein langer Trauerzug zum Friedhof. Außer dem Pfarrer sprachen viele ein Abschiedswort an der Familiengruft, denn mein ehemaliger Ziehvater war in vielen Vereinen und Gremien gewesen. Von all den Lobeshymnen, die auf ihn gehalten wurden, habe ich jedoch kaum etwas behalten, wohl aber von der Ansprache des Jägers aus Maximilians »Revier«. Statt einer wohlgesetzten Rede hielt er ein Zwiegespräch mit dem Verstorbenen, was nicht nur ich originell fand. Zwei Sätze davon habe ich mir wörtlich gemerkt, bis auf den heutigen Tag: »Max, was macht denn 's Wild?«, hat der Jäger gefragt. – »Ja, Herr Jager, anschauen tu ich's gern, aber schießen kann ich's nicht.« Trotz unserer Tränen mussten wir alle schmunzeln.

Beim Leichenschmaus suchte ich dann das Gespräch mit der Walburga, weil ich wissen wollte, woran der Max gestorben war.

»Ja, mei, an der Lunge hatte er's halt. Er wollt ja nie mit dem Rauchen aufhören. Husten tat er schon lange, aber nix drauf gegeben hat er. Im Mai wurd es so arg, dass er nimmer aus dem Bett kam. Vor einigen Tagen dann kam ein Blutsturz, und bald danach hat er für immer die Augen zugemacht.«

Die Walburga hat ihn um viele Jahre überlebt, sie starb mit achtzig Jahren.

Abschied von der Alm

Als ich Sennerin wurde, dachte ich, das würde ich ein Leben lang bleiben, so wie ich es von vielen Frauen aus meinem Umfeld kannte. Ich konnte ja nicht ahnen, dass die Entwicklung ein so rasantes Tempo nehmen würde. Was Jahrhunderte lang galt und Bestand gehabt hatte, wurde innerhalb weniger Jahre total umgekrempelt.

In der Landwirtschaft kamen immer mehr Maschinen zum Einsatz, sodass man immer weniger Arbeitskräfte brauchte. Als Erste sahen sich die heranwachsenden Buben, die früher alle irgendwie in der Landwirtschaft »aufgebraucht« wurden, gezwungen, andere Berufe zu erlernen, und bald darauf galt das Gleiche auch für die Mädchen, denn man brauchte immer weniger Mägde sowohl fürs Haus als auch für den Stall. Die Anfänge dieser Entwicklung bekam ich bereits auf dem Sammerhof in Gföll mit. Im Januar 1957 berichtete mein Bauer nach dem Besuch einer landwirtschaftlichen Ausstellung von einer bahnbrechenden Erfindung: »Du, Anna, was hältst davon, wenn wir uns eine Melkmaschine anschaffen?« Ich hielt ihn für verrückt. »Eine Melkmaschine?«, fragte ich entgeistert. »Du willst mich wohl zum Narren halten?« Beim besten Willen konnte ich mir nicht vorstellen, dass es so etwas gab und wie das funktionieren sollte. Deshalb erklärte er mir und allen andern, die staunend um den Tisch saßen, wie so eine Maschine arbeitete.

»Aber dazu braucht man doch elektrischen Strom, hast gesagt«, wandte ich ein.

»Das ist kein Problem. Den erzeugen wir mit einem Aggregat.«

Trotz meines Widerstands schaffte er ein Aggregat und die Melkmaschine dazu an, doch ich konnte mich mit den Geräten nicht anfreunden. Das Aggregat machte Lärm und stank entsetzlich, weil es mit Diesel betrieben wurde. Und was die Melkmaschine anging, so war mir die Arbeit mit ihr zu umständlich. Erst musste ich jede einzelne Kuh von Hand anmelken, dann die Maschine ansetzen und anschließend jede Kuh nachmelken. Das bisschen, was ich an Zeit durch den eigentlichen Melkvorgang einsparte, brauchte ich hernach, um die Maschine wieder zu putzen.

Als mir der Sammer im Frühjahr diese Apparate gar auf die Alm transportieren wollte, lehnte ich vehement ab: »Von dem ratternden, stinkenden Ding will ich mir die gute Alpenluft nicht verpesten lassen. Ich mach so weiter wie gewohnt.«

Auf dem Glapfhof blieb ich von diesem modernen Kram verschont und auf dem Sammerhof in Reit im Winkl zunächst auch. 1964 jedoch fragte mich der Jungbauer, was ich von der Anschaffung einer Melkmaschine halte. »Nicht viel«, sagte ich spontan und schilderte meine negativen Erfahrungen, die ich damit gemacht hatte.

»Das ist bei uns ganz anders«, erklärte er mir. »Wir haben ja elektrischen Strom. Da erübrigt sich das mit dem Aggregat. Außerdem sind die Maschinen seit 1957 ganz schön weiterentwickelt und wesentlich verbessert worden. Du wirst sehen, damit ist das Melken ein Kinderspiel.«

»Trotzdem: Wegen mir brauchst so ein Gerät nicht anzuschaffen«, beharrte ich auf meiner Meinung.

»Ich versteh deine Abneigung, Anna, aber du kannst den Fortschritt nicht aufhalten.«

»Ja, wennst meinst. Du bist der Bauer. Du musst wissen, wofür du dein sauer verdientes Geld ausgeben willst.«

Es dauerte nicht lange, da war die Melkmaschine auf dem Hof. Und weil der Jungbauer auf seine Errungenschaft gar so stolz war und weil ich ihn nicht kränken wollte, benutzte ich sie halt. Und musste zugeben, dass es nach einer Eingewöhnungsphase ganz gut damit lief. Auf der Alm jedoch wollte ich das Ding nicht haben. Da verzichtete ich darauf und machte eine erstaunliche Feststellung. Nachdem ich die Kühe den ganzen Winter über mit der Maschine gemolken hatte, war der Milchstrahl dünner geworden, kräftigte sich aber durchs Handmelken nach ein paar Tagen wieder. Auch die Milchleistung der Kühe lag, wenn sie von Hand gemolken wurden, deutlich höher.

Eine andere Neuerung war die sogenannte Muttertierhaltung, die tatsächlich eine erhebliche Zeitersparnis mit sich brachte. Zum einen brauchte man die Kühe, die ein Kalb mit sich führten, nicht zu melken, zum andern entfiel die zeitraubende Gewöhnung der Kälber ans Saufen aus dem Eimer. Allerdings gab es auch nicht zu übersehende Nachteile, denn ein Kalb trinkt zwar mehrmals am Tag bei seiner Mutter, aber nur so viel, wie es im Moment braucht, wodurch das Euter niemals richtig leer wird. Eine Kuh aber, die nicht zweimal am Tag ordentlich ausgemolken wird, lässt in der Leistung bald nach. Außerdem wird die Milch von einer ungenügend ausgemolkenen Kuh schnell sauer. Diese und andere »Fortschritte« drohten die Sennerinnen nach und nach überflüssig zu machen.

Aber auch andere Errungenschaften trugen dazu bei, den Arbeitsanfall in der Landwirtschaft zu reduzieren und damit Personal einzusparen. So dachte niemand mehr daran, seine Gerätschaften wie Heugabeln und Rechen selbst zu fertigen oder zu reparieren. Es wurden einfach neue, haltbarere aus Metall gekauft. Statt Holzschindeln verwendet man für die Dächer nun Blech oder gebrannte Dachziegel mit dreißig Jahren Garantie. Ähnliches galt für den Haushalt: Kleidung und Wäsche ließ sich preiswert aus dem Katalog oder im Geschäft einkaufen – dass vieles aus Kunstfasern war, nahm man dabei in Kauf. Zwar trug es sich weniger angenehm, war aber leichter zu waschen und trocknete schneller. Für uns fiel jedenfalls das Halten und Scheren von Schafen weg und das Anbauen und Bearbeiten von Hanf und Flachs, doch gehörten damit auch die gemütlichen Winterabende in der Stube der Vergangenheit an. Eine ganze Reihe moderner Geräte sorgte zudem dafür, dass in Haus und Küche die Arbeit weniger wurde.

Kurzum, eines Abends, es war im neunten Jahr, das ich beim Sammer in Reit im Winkl verbrachte, kam mir die Erkenntnis, dass ich hier eigentlich überflüssig war. Der alte und der junge Sammer, die Bäuerin, die Dirn und ich saßen in der Stube vor dem Fernseher, und wir Weiberleut schnitten Teppichbandl. Das heißt, man schnitt ausgediente Kleidungsstücke und Wäsche in schmale Streifen, damit in der Weberei davon Fleckerlteppiche gewebt werden konnten. Das war eine durchaus angenehme Arbeit, und ich hielt sie auch nicht für unter meiner Würde, aber es lohnte eigentlich nicht, dass man dafür eine Sennerin hielt. Die gute alte Gusti hatte im Jahr zuvor diese Welt für immer verlassen. Einen Rossknecht gab es schon lange nicht mehr, weil die Pferde durch einen Traktor ersetzt worden waren.

Als die Nachrichten zu Ende waren, wandte ich mich entschlossen an den jungen Sammer. »Du, Bauer«, begann ich. »Mir fällt seit einiger Zeit auf, dass ihr im Winter so gut wie keine Arbeit für mich habt. Es ist zwar sehr anständig von dir, dass ihr mich trotzdem durchfüttert und mir auch noch Lohn zahlt, aber es ist mir nicht recht.«

»Das siehst du ganz richtig, Anna«, antwortete der Franz bedächtig. »Aber was will ich machen? Wenn ich dich entlasse, steh ich im Frühjahr da ohne Sennerin. Und so schnell find ich keine eine neue und schon gar nicht so eine wie dich.«

Geschmeichelt lächelte ich: »Ja, als Sennerin tät ich schon gern bei dir weiterarbeiten, aber im Winter möcht ich dir net auf der Tasche liegen.«

»Das ist gut gemeint von dir. Aber ich kann dich doch nicht über den Winter auf die Straße setzen. Zum Ersten wär das unmenschlich, und zum Zweiten würdest mir verhungern oder erfrieren, und ich ständ im Frühjahr doch ohne Sennerin da.«

»Hast recht. Damit wär keinem gedient. Ich hab mir aber etwas überlegt. Was hältst du davon, wenn ich im Winterhalbjahr irgendwo als Zimmermädchen arbeite? Jetzt, wo der Wintertourismus stark im Kommen ist, find ich leicht eine Stelle. Und sobald der Almbetrieb losgeht, komm ich zurück.«

Mit dieser Lösung war der Franz mehr als einverstanden. Ganz schnell fand ich eine angenehme Stelle in einem Hotel und war nach Saisonende wieder beim Sammer. So handhabten wir das eine Reihe von Jahren: im Winter Stubenmädel und im Sommer Sennerin, bis eine weitere Änderung anstand. Weil sich der Anbau von Getreide, Kartoffeln und anderen Feldfrüchten nicht mehr lohnte, wandelten immer mehr Bauern ihre Felder im Tal in Wiesen um, auf denen man die Kühe tagsüber weiden ließ. Abends holte man sie schnell in den Stall, um sie elektrisch zu melken. Auf die Alm schickte man nur noch – wenn überhaupt – die Jungtiere, die nicht gemolken werden mussten und somit auch kein Buttern und Kasmachen anstand. Die ständige Anwesenheit einer Sennerin war da überflüssig – es reichte völlig, wenn einmal am Tag einer vom Hof mit dem Traktor hinauffuhr, um nach dem Rechten zu sehen. Mit Wehmut stellte ich fest, dass rundherum eine Almhütte nach der anderen verwaiste. Wie lange würde ich mich noch halten können?

Wahrscheinlich hätte mein Bauer seine Almwirtschaft auch längst aufgegeben, wenn er sich getraut hätte, mich nach sechzehn Jahren einfach vor die Tür zu setzen. Weil er dazu viel zu anständig war, ergriff ich die Initiative. Als ich vor dem Almabtrieb im Herbst 1975 meine Hütte absperrte, tat ich das ganz in dem Gefühl, dass es das letzte Mal war. Zurück auf dem Hof packte ich den Stier bei den Hörnern: »Du, Bauer, so geht das nicht weiter. Ich will dir nicht länger auf der Tasche liegen. Deshalb kündige ich jetzt endgültig. Ab 1. November geh ich wieder als Zimmermädchen.«

»Ja, ja, das ist schon recht. Aber was machst im Sommer?«

»Ganz einfach, ich bleib im Hotel. Bei denen läuft nämlich das Geschäft im Sommer ebenso gut wie im Winter.«

Dem Bauern sah man die Erleichterung direkt an. »Weißt, Anna, was ich neben deiner Tüchtigkeit am meisten an dir schätze? Dass du so vernünftig bist.«

Ja, vernünftig war ich schon immer. Weil ich so vernünftig war, hatte weder geheiratet noch uneheliche Kinder in die Welt gesetzt und war sehr zufrieden damit. Gewiss, zu der Zeit, als ich jung war, sah man es auf dem Land nicht als besonders tragisch an, wenn ein lediges Kind geboren wurde, sah man in ihm doch bereits eine künftige Arbeitskraft, und irgendeine Pflegestelle fand sich immer. Das hatte ich ja am Beispiel meiner Mutter und Großmutter gesehen. Aber das wollte ich weder einem Kind noch mir antun, denn ein echtes Familienleben konnte man so nicht führen. Außerdem wurden die Bankerte zwar geduldet, aber zumeist herumgeschubst. Sie wurden als »Menschenmaterial« betrachtet und ausgenutzt, mehr nicht. Sie hatten keine Rechte und die meisten von ihnen niemanden, der sich für sie eingesetzt hätte. Sie mussten schon froh sein, wenn sie sich ihr Brot verdienen konnten. Im Vergleich dazu konnte ich trotz allem mit meinem Leben zufrieden sein. Ich bin sehr dankbar dafür, dass ich das Glück hatte, in einer Pflegefamilie aufzuwachsen, in der mir Liebe entgegengebracht wurde und in der ich mich stets geborgen fühlte.

Mit sechsundvierzig Jahren, von denen ich siebenundzwanzig als Sennerin verbracht hatte, stand ich nun vor einem neuen Lebensabschnitt. Zum Glück war mir der Hotelbetrieb durch die Saisonarbeit der letzten Jahre bereits vertraut, und ich lebte mich schnell ein. Dennoch trauerte ich dem Almleben und meinen Kühen lange nach.

Stammtafel der Anna Posch

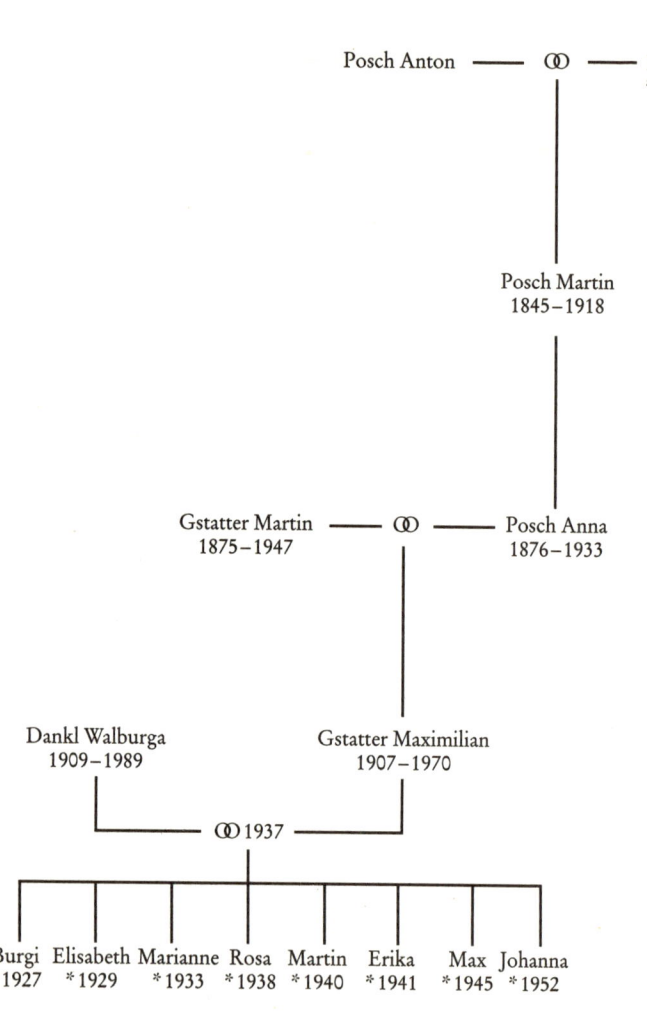

Posch Anton ———— ∞ ———— Maria
*1824

Posch Martin ————
1845–1918

Gstatter Martin ———— ∞ ———— Posch Anna
1875–1947   1876–1933

Dankl Walburga   Gstatter Maximilian
1909–1989   1907–1970

∞ 1937

Burgi   Elisabeth   Marianne   Rosa   Martin   Erika   Max   Johanna
*1927   *1929   *1933   *1938   *1940   *1941   *1945   *1952

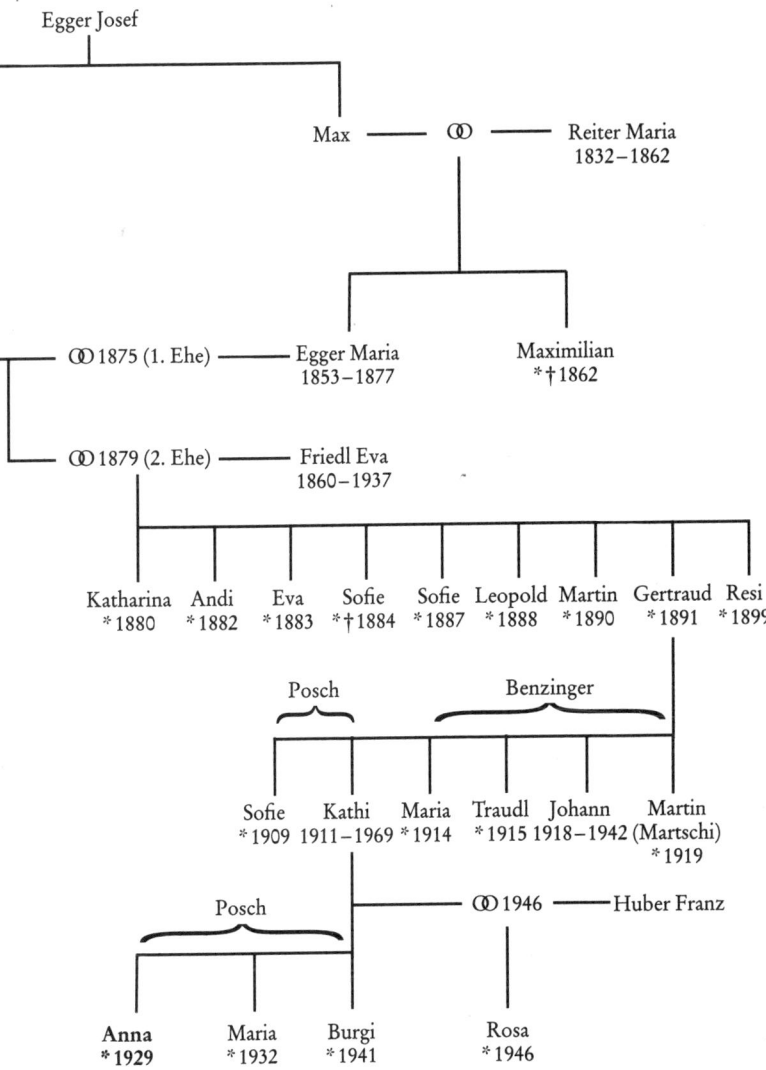

Egger Josef

Max ⓪ Reiter Maria
1832–1862

⓪ 1875 (1. Ehe) — Egger Maria   Maximilian
1853–1877   *†1862

⓪ 1879 (2. Ehe) — Friedl Eva
1860–1937

Katharina   Andi   Eva   Sofie   Sofie   Leopold Martin Gertraud Resi
*1880   *1882   *1883   *†1884   *1887   *1888   *1890   *1891   *1899

Posch   Benzinger

Sofie   Kathi   Maria   Traudl   Johann   Martin
*1909 1911–1969 *1914 *1915 1918–1942 (Martschi)
                                                *1919

Posch   ⓪ 1946 — Huber Franz

Anna   Maria   Burgi   Rosa
*1929   *1932   *1941   *1946

253

Von Roswitha Gruber bereits erschienen:

Hanni – Eine Schweizer Bergbäuerin
256 Seiten
ISBN 978-3-475-54047-9

Hanni, eine Magd aus dem Kanton Uri, heiratet den Witwer ihrer Schwester: Der Bergbauer braucht eine Mutter für sein Kind. Aus der Zweckgemeinschaft wird tiefe Liebe, aus der zwölf Kinder hervorgehen. Das Leben der Familie ist von Armut, harter Arbeit und Schicksalsschlägen geprägt. Doch Gottvertrauen und ihre Zuneigung lassen die Eheleute alle Schwierigkeiten meistern.

Erlebnisse einer Berghebamme
264 Seiten
ISBN 978-3-475-54026-4

In diesem Buch erzählt Roswitha Gruber aufs Neue authentisch und lebendig aus dem Leben der Geburtshelferin Marianne. Wieder hat sie viele interessante Begebenheiten aus deren Berufsalltag erfahren. Aus jedem Wort spricht Mariannes Begeisterung für ihren Beruf und ihre Liebe zum Menschen.

Tagebuch einer Berghebamme
288 Seiten
ISBN 978-3-475-53981-7

Der Erfahrungsbericht beruht auf Erzählungen von Marianne, die 35 Jahre als Hebamme in den österreichischen Bergen tätig war. Sie war bei Wind und Wetter, zu jeder Tages- und Nachtzeit zur Stelle, wenn es darum ging, Mutter und Kind die Geburt zu erleichtern.

Erinnerungen einer Bergbäuerin
304 Seiten
ISBN 978-3-475-54003-5

In den Büchern von Roswitha Gruber wird Zeitgeschichte lebendig. Hier erzählt sie die Geschichte der Bergbäuerin Sabine: von ihrem schweren, arbeitsreichen Leben, aber auch von ihrem größten Reichtum: ihren zehn Kindern, mit denen sie Aufregendes, Schmerzliches, aber vor allem viele wunderschöne Stunden erlebt.

Aloisia – Eine Hebamme spielt Schicksal
352 Seiten
ISBN 978-3-475-53874-2

Gleich zwei Frauen liegen in einem kleinen
Münchener Krankenhaus in den Wehen. Aloisia ist
bei den komplizierten Geburten überfordert und
trifft eine eigenmächtige Entscheidung, die über
viele Jahre ihr Gewissen belasten wird. Erst als sie
94 Jahre alt ist, kommt die Wahrheit durch einen
sonderbaren Zufall ans Licht.

Mein Leben als Berghebamme
256 Seiten
ISBN 978-3-475-53918-3

Durch jahrelanges und intensives Zuhören konnte
Roswitha Gruber viele bewegende Schicksale
erfahren. Geschichten voller Hoffnung, Freud
und Leid erzählen authentisch aus dem bewegten
Hebammenleben. Marianne hat über 3000 Kindern
geholfen, das Licht der Welt zu erblicken.

Vom Zauber der Kindheit
256 Seiten
ISBN 978-3-475-53840-7

Kindheit und Jugend vor fünfzig, sechzig Jahren
– wie ging es den Großmüttern von heute?
Roswitha Gruber schildert das Leben in der
„guten alten Zeit", das nicht immer sorgenfrei
war. Doch auch von Kinderstreichen, lustigen
Begebenheiten und Glücksfällen, der Suche nach
einem passenden Beruf oder der großen Liebe
weiß sie zu berichten.

Großmütter erzählen
240 Seiten
ISBN 978-3-475-53750-9

Frauen, zwischen 1900 und 1930 geboren,
erzählen aus ihrem Leben: aus ihrer Schulzeit
und Ausbildung, von ihrer ersten Begegnung
mit elektrischem Licht oder einer Radiosendung.
Geschichten, aus dem Leben gegriffen, von
Roswitha Gruber in Einzelgesprächen sorgfältig
recherchiert und erzählerisch wertvoll aufbereitet.